"一带一路"列国人物传系

总主编◎王 丽

波兰名人传

THE LEGEND OF THE PEOPLE
ALONG THE BELT AND ROAD
FAMOUS NAMES
OF POLAND

主编◎高宏然

当代世界出版社
THE CONTEMPORARY WORLD PRESS

图书在版编目（CIP）数据

波兰名人传 / 王丽主编；高宏然分册主编 . -- 北京：当代世界出版社，2023.8
（"一带一路"列国人物传系）
ISBN 978-7-5090-1081-5

Ⅰ．①波… Ⅱ．①王… ②高… Ⅲ．①人物－列传－波兰 Ⅳ．① K835.13

中国版本图书馆 CIP 数据核字（2022）第 225456 号

书　　名：	"一带一路"列国人物传系·波兰名人传
出 品 人：	丁　云
责任编辑：	魏银萍　刘娟娟　田艳霞
封面设计：	三哈书酒
出版发行：	当代世界出版社
地　　址：	北京市东城区地安门东大街70-9号
邮　　编：	100009
邮　　箱：	ddsjchubanshe@163.com
编务电话：	(010) 83908410-806
发行电话：	(010) 83908410-812
	13601274970　18611107149　13521909533
经　　销：	新华书店
印　　刷：	北京中科印刷有限公司
开　　本：	880毫米×1230毫米　1/32
印　　张：	7.75
字　　数：	136千字
版　　次：	2023年8月第1版
印　　次：	2023年8月第1次
书　　号：	ISBN 978-7-5090-1081-5
定　　价：	42.00元

如发现印装质量问题，请与承印厂联系调换。
版权所有，翻印必究；未经许可，不得转载！

《"一带一路"列国人物传系》编辑委员会

指导单位：
中国文学艺术界联合会
中国社会科学院国家全球战略智库

编委会：
主　任：王　丽
副主任：唐得阳　王灵桂
委　员：（按姓氏笔画排序）

丁闻琦	丁　超	于　青	于福龙	马细谱	王成军	王　丽
王灵桂	王建沂	王春阳	王郦久	王洪起	王宪举	王　渊
文　炜	孔祥琇	石　岚	白明亮	冯玉芝	成　功	朱可人
刘　文	刘思彤	刘铨超	安国君	许文鸿	许烟华	孙钢宏
孙晓玲	苏　秦	杜荣友	李一鸣	李永全	李永庆	李垂发
李玲玲	李贵方	李润南	余志和	宋　健	张　宁	张　敏
陈小明	邵诗洋	邵逸文	周由强	周　戎	周国长	庞亚楠
胡圣文	姜林晨	贺　颖	贾仁山	高子华	高宏然	唐岫敏
唐得阳	董　鹏	韩同飞	景　峰	程　稀	谢路军	翟文婧
熊友奇	鞠思佳

支持单位：
中国社会科学院俄罗斯东欧中亚研究所
北京融商一带一路法律与商事服务中心

法律顾问：
北京德恒律师事务所

总　序
群星闪耀"一带一路"

2013年9月7日，中国国家主席习近平在哈萨克斯坦纳扎尔巴耶夫大学发表演讲，以博古通今的睿智对大学生们娓娓道来丝绸之路古老而年轻的故事。

"2100多年前，中国汉代的张骞肩负和平友好使命，两次出使中亚，开启了中国同中亚各国友好交往的大门，开辟出一条横贯东西、连接欧亚的丝绸之路。

我的家乡陕西，就位于古丝绸之路的起点。站在这里，回首历史，我仿佛听到了山间回荡的声声驼铃，看到了大漠飘飞的袅袅孤烟。这一切，让我感到十分亲切。

哈萨克斯坦这片土地，是古丝绸之路经过的地方，曾经为沟通东西方文明，促进不同民族、不同文化相互交流和合作作出过重要贡献。东西方使节、商队、游客、学者、工匠川流不息，沿途各国互通有无、互学互鉴，共同推动了人类文明进步。"[1]

---

[1]　《习近平谈治国理政》，北京：外文出版社，2014年10月第1版，第287页。

"不同种族、不同信仰、不同文化背景的国家完全可以共享和平、共同发展。这是古丝绸之路留给我们的宝贵启示","为了使我们欧亚各国经济联系更加紧密、相互合作更加深入、发展空间更加广阔,我们可以用创新的合作模式,共同建设'丝绸之路经济带'"。[1]

推己及人,高瞻远瞩,引领时代,习近平主席在阿斯塔纳[2]通过哈萨克斯坦人民,首次向世界发出了让古老的丝路精神再次焕发青春和光彩的时代宣言。

2013年10月3日,习近平主席在印度尼西亚国会发表了题为《携手建设中国—东盟命运共同体》的演讲,首次向世界发出共建21世纪海上丝绸之路的倡议。

"东南亚地区自古以来就是'海上丝绸之路'的重要枢纽,中国愿同东盟国家加强海上合作,使用好中国政府设立的中国—东盟海上合作基金,发展好海洋合作伙伴关系,共同建设21世纪'海上丝绸之路'","发挥各自优势,实现多元共生、包容共进,共同造福于本地区人民和世界各国人民"。[3]

这个倡议和9月7日的演讲异曲同工、遥相呼应、互为

---

[1] 《习近平谈治国理政》,北京:外文出版社,2014年10月第1版,第287页。
[2] 哈萨克斯坦首都,2019年3月改名为努尔苏丹。
[3] 《习近平谈治国理政》,北京:外文出版社,2014年10月第1版,第293—295页。

映衬，完整地提出了"丝绸之路经济带"和"21世纪海上丝绸之路"的宏伟构想。

从广袤的亚欧腹地哈萨克斯坦到风光旖旎的印度尼西亚，习近平主席提出的"丝绸之路经济带"和"21世纪海上丝绸之路"吸引了世界各国的目光。从2013年9月至2016年8月，习近平主席出访37个国家（亚洲18国、欧洲9国、非洲3国、拉美4国、大洋洲3国），对"一带一路"倡议的总体框架和基本内涵做了充分阐述。和平合作、开放包容、互学互鉴、互利共赢的丝路精神，共商、共建、共享的治理理念，驱散了"去全球化"的阴霾，为增长乏力的世界经济注入新的动能。各国纷纷将本国经济发展与中国政府制定的《推动共建丝绸之路经济带和21世纪海上丝绸之路的愿景与行动》规划相对接。"一带一路"倡导的政策沟通、设施联通、贸易畅通、资金融通、民心相通，正在以基础设施、经贸合作、产业投资、能源资源、金融支撑、人文交流、生态环保、海洋合作等为载体和依托，在全球掀起了投资兴业、互联互通、技术创新、产能合作的新势头。2016年中国牵头成立有57个成员国加入的亚洲基础设施投资银行（AIIB），截至2018年12月19日成员总数增至93个，在13个国家开展35个项目。孟加拉配电系统升级扩容项目、印尼全国棚户区改造项目、巴基斯坦国家高速公路项目和塔吉克斯坦杜尚别至乌兹别克斯坦道路改造项目已经获得亚投行融资支持，共商共建共享成为现实。

"一带一路"倡议得到国际社会的积极响应。2016年11月17日，第71届联合国大会193个成员国一致赞同，通过了第A/71/9号决议，欢迎"一带一路"倡议，敦促各方通过参与"一带一路"倡议，促进阿富汗及地区经济发展，呼吁国际社会为开展"一带一路"建设提供安全环境保障。2017年3月17日，联合国安理会一致通过第2344号决议，呼吁国际社会凝聚援助阿富汗共识，通过"一带一路"建设等加强区域经济合作，敦促各方为"一带一路"建设提供安全环境保障。

2017年1月，习近平主席在联合国日内瓦总部发表题为《共同构建人类命运共同体》的重要演讲，全面深入系统阐述人类命运共同体重大理念，为解决全球性挑战提出中国方案，在国际上引起热烈共鸣，受到各方普遍欢迎和高度评价。3月23日，联合国人权理事会第34次会议通过关于"经济、社会、文化权利"和"粮食权"两个决议，决议明确表示支持"构建人类命运共同体"。这是人类命运共同体理念首次载入联合国人权理事会决议，标志着这一理念成为国际人权话语体系的重要组成部分。

"一带一路"不是中国的独角戏，是与亚、欧、非洲及世界各国共同奏响的交响乐。中国恪守联合国宪章宗旨和原则，坚持开放合作、和谐包容、政策沟通，培育政治互信，建立合作共识，协调发展战略，促进贸易便利化及多边合作体制机制。中国携手 100 多个国家和地区，依托国际大通道，以陆上沿线中心城市为支撑，以重点经贸产业园区为合作平台，共同打造的新亚欧大陆桥、中蒙俄、中国—中亚—西亚、中巴、孟中印缅、中国—中南半岛等国际经济合作走廊进展顺利，中欧班列在贸易畅通上动力强劲、风景亮丽；以海上重点港口为节点，共同建设通畅安全高效的运输通道，实现陆海联动，太平洋、印度洋、大西洋上巨轮往来频繁，互通有无。亚太经合组织、亚欧会议、大湄公河次区域合作的有关决议和文件，都体现了"一带一路"建设内容。丝路基金、开发性金融、供应链金融汇聚全球财富，建设绿色、健康、智慧、和平的丝绸之路，增进各国民众福祉。

"一带一路"是人类历史上前所未有的宏伟蓝图，也是横跨亚非欧连接世界各国的暖心红线。丝绸之路经济带包括中国经中亚、俄罗斯至欧洲（波罗的海）、中国经中亚、西亚至波斯湾、地中海，中国至东南亚、南亚、印度洋；21 世纪海上丝绸之路包括从中国沿海港口过南海到印度洋再延伸至欧洲和南太平洋。一路驼铃声声、舟楫相望，互通有无、友好交往。

在新的时代，在创新古老丝路精神的伟大进程中，习近平主席专门缅怀丝路开拓者，特意致敬古丝路精神奠基人：

"我们的祖先在大漠戈壁上'驰命走驿,不绝于时月',在汪洋大海中'云帆高张,昼夜星驰',走在了古代世界各民族友好交往的前列。甘英、郑和、伊本·白图泰是我们熟悉的中阿交流友好使者。丝绸之路把中国的造纸术、火药、印刷术、指南针经阿拉伯地区传播到欧洲,又把阿拉伯的天文、历法、医药介绍到中国,在文明交流互鉴史上写下了重要篇章。

"千百年来,丝绸之路承载的和平合作、开放包容、互学互鉴、互利共赢精神薪火相传。"[1]

这种吃水不忘挖井人的情怀,再次展现了中华民族不忘历史、纪念先贤、展望未来的优秀文化基因,也为中国传记文学学会参加"一带一路"建设指明了方向和道路。

在古老的丝绸之路上,我们不曾相忘:张骞出使西域到过的世界上最大的内陆国家哈萨克斯坦、山高水长的好邻居巴基斯坦、横跨欧亚大陆的俄罗斯、草原之国蒙古国、喜马拉雅浮世天堂尼泊尔、菩提恒河保佑之国印度、文化瑰宝伊朗、首创法典之国伊拉克、红海门户也门、石油王国沙特阿拉伯、波斯湾明珠巴林、雪松之国黎巴嫩、海湾之秀科威特、沙漠之巅阿联酋、半岛明珠卡塔尔、霍尔木兹海峡守门人阿曼、

---

[1] 习近平:《弘扬丝路精神,深化中阿合作》,2014年6月5日,习近平在中—阿合作论坛第六届部长级会议开幕式上的讲话,载《人民日报》,2014年6月6日,第1版。

万湖之国白俄罗斯、欧亚十字路口土耳其、流着奶和蜜之地以色列、欧洲粮仓乌克兰、亚平宁半岛上的文化巅峰意大利、欧洲屋脊瑞士、玫瑰之国保加利亚、与灵魂对话的思辨之国德意志、欧洲文化殿堂法兰西、欧洲客厅比利时、郁金香之国荷兰、热情如火的西班牙，还有绅士国度英国、北非金字塔之国埃及、非洲屋脊埃塞俄比亚、香草之都马达加斯加，等等。

沿着海上丝绸之路，我们会领略橡胶王国马来西亚、花园国度新加坡、千岛之国菲律宾、赤道翡翠之国印度尼西亚；沿澜沧江一路南下，我们不曾相忘澜湄泽润之国越南、千佛之国泰国、微笑之国柬埔寨、万象之都老挝、印度洋上明珠之国斯里兰卡、印度洋上的明珠和钥匙毛里求斯、堆金积玉之国文莱、追求自由之国东帝汶、印度洋上的世外桃源马尔代夫、骑在羊背上的国家澳大利亚、上帝的后花园新西兰；等等。

"一带一路"沿线国家里，那些千百年来影响了人类与社会发展、国家与民族命运，并与中国曾经有过交往的古今人物，至今还能在教科书、影视剧里看到他们，还能感受到他们在一代又一代年轻人身上所产生的影响和魅力。

当然，对于中国人来说，更为熟悉的是丝绸之路的开拓者。曾记否？丝绸之路开拓者中，有汉武帝和他的使节们，有首开大唐盛世的唐太宗及其臣民，有再续睦邻通商航海路的宋祖朝廷和无数先贤，还有金戈铁马风漫卷的元代人物，一统江山万里帆的明代人物，环球凉热自清浊的清代人物，东西碰撞溅火花的近代人物，还有经受风雨变迁、勇立海国之志的现代人物，更有丝路明珠敦煌莫高窟的守护者，卫国助邻的将军和通司中外的外交家们。当然，数风流人物，还看今朝，我们不能不浓墨重彩地讴歌那些智通商海，投身到新丝路建设中的当代人物。

耕云播雨，香火延续，智慧传承，历史再续！2100多年的友好交往历史从未隔断，惠及三大洲的中西交流从未停歇，21世纪的"中国梦"和"世界梦"汇成了人类命运共同体的时代和弦，响彻在"一带一路"辽阔的长空。也正因如此，2017年5月，北京喜迎来自"一带一路"相关国家的元首、政府首脑、前政要、知名企业家和专家学者等各界代表，以及国际组织的负责人等千名领袖，出席第一届"一带一路"国际合作高峰论坛。"千人盛会"共襄"团结互信、平等互利、包容互鉴、合作共赢"[1]之盛举，共商"造福沿途各国人民的大事业"[2]之合作共赢大计。这是中华民族和世界历史上都应该铭记的大日子。

以人物传记写作为己任的中国传记文学学会，在"一带

---

[1] 习近平：《弘扬人民友谊，共创美好未来》，2013年9月7日，习近平主席在哈萨克斯坦纳扎尔巴耶夫大学的演讲。
[2] 同上。

一路"倡议实施中，肩负"讲好'一带一路'民心相通好故事"的使命和责任，这也是国家赋予我们的根本职责和任务。在中国文学艺术界联合会的领导下，在中国社会科学院国家全球战略智库指导下，中国传记文学学会以赤诚的家国情怀、强烈的时代精神、为人传记的责任担当，在认真调研、周密谋划、精心组织基础上，毅然决定倾注全力组织编写出版《"一带一路"列国人物传系》。此皇皇百卷传系讲述近千名各国人物故事，集数百位专家作家尽心挥毫，夜以继日，……幸得中国民营经济国际合作商会倾力赞助，又得中央文化企业当代世界出版社有限公司出版发行。于是，各位读者得以读到手中的这套活泼而不失厚重、有趣而不失学养的列国人物合传书卷。

孔子曰："仁者，人也。"让各国的先贤智者的思想光辉，照亮我们探索人类未来的道路。

传记明志，落笔为文，是为总序。

中国传记文学学会会长

《"一带一路"列国人物传系》编委会主任　王丽博士

2019年3月30日

Introduction:
The Star-studded "Belt and Road"

On September 7, 2013, Chinese President Xi Jinping delivered a speech at Kazakhstan's Nazarbayev University, telling college students the ancient yet up to date stories of the Silk Road with well-versed wisdom.

"More than 2,100 years ago during the Han Dynasty (206 BC-AD 220), a Chinese envoy named Zhang Qian was twice sent to Central Asia on missions of peace and friendship. His journeys opened the door to friendly contacts between China and Central Asian countries, and started the Silk Road linking east and west, Asia and Europe.

Shaanxi, my home province, is right at the starting point of the ancient Silk Road. Today, as I stand here and look back at that history, I seem to hear the camel bells echoing in the mountains and see the wisp of smoke rising from the desert, and this gives me a specially good feeling.

Kazakhstan, located on the ancient Silk Road, has made an important contribution to the exchanges between the Eastern and Western civilizations and the interactions and cooperation between various nations and cultures. This land has borne witness to a steady stream of envoys, caravans, travelers, scholars and artisans traveling between the East and the West. The exchanges and mutual learning thus jointly promoted the progress of human civilization."[1]

"[C]ountries of different races, beliefs and cultural backgrounds are fully able to share peace and development. This is the valuable inspiration we have drawn from the ancient Silk Road," and "[t]o forge closer economic ties, deepen cooperation and expand development space in the Eurasian region, we should take an innovative approach and jointly build an economic belt along the Silk Road." [2]

With caring, vision and leadership, through the people of Kazakhstan in Astana, President Xi Jinping, for the first time, has made a declaration to the world that will rejuvenate the spirit of the ancient Silk Road.

On October 3, 2013, President Xi Jinping gave a speech titled "Work together to build a China-Asean community with a shared future "at the people's Representative Council of Indonesia, proposing to the world to build a 21st Century Maritime Silk Road.

"Southeast Asia has since ancient times been an important hub along the ancient Maritime Silk Road. China will strengthen maritime cooperation with the ASEAN countries, and the China-ASEAN Maritime Cooperation Fund set up by the Chinese government should be used to develop maritime partnership in a joint effort to build the 'Maritime Silk Road' of the 21st century." And "[t]he two sides need to give full rein to our respective strengths to enhance diversity, harmony, inclusiveness and common progress in our region for the benefit of both our people and the people outside the region."[3]

---

[1] *Xi Jinping: The Governance of China*. 1st ed., Foreign Languages Press, Beijing, October 2014, p.287.
[2] Ibid, at 287.
[3] *Xi Jinping: The Governance of China*. 1st ed., Foreign Languages Press, Beijing, October 2014, pp.293-295.

This initiative and the speech on September 7 both express the same idea and echo with each other, completing a grand vision of the "Silk Road Economic Belt" and the "21st Century Maritime Silk Road."

From Kazakhstan in the vast Eurasian hinterland to the beautiful scenery of Indonesia, President Xi Jinping's proposed "Silk Road Economic Belt" and "21st Century Maritime Silk Road" have attracted the attention of countries all over the world. From September 2013 to August 2016, President Xi visited 37 countries (18 in Asia, 9 in Europe, 3 in Africa, 4 in Latin America and 3 in Oceania), and fully elaborated on the overall framework and basic connotation of the "Belt and Road" initiative. The Silk Road spirit of peace and cooperation, openness and inclusiveness, mutual learning, and mutual benefit, combined with the idea that projects should be jointly built through consultation to meet the interests of all, dispels the haze of "de-globalization" and injects new kinetic energy into the sluggish growth of the world economy. Many countries have linked up their own economic development to the "Vision and proposed actions outlined on jointly building Silk Road Economic Belt and 21st- Century Maritime Silk Road" proposed by the Chinese government.

The "Belt and Road" initiative advocates policy coordination, facilities connectivity, unimpeded trade, financial integration, and people-to-people bond. With the emphasis on infrastructure build-up, economic and trade cooperation, industrial investment, energy resources development, financial support, people-to-people exchanges, ecological environmental protection, and marine cooperation, the initiative has set off a new momentum in investment, trade activity, technological innovation, and production capacity cooperation in the world. In 2016, China led the establishment of the Asian Infrastructure Investment Bank (AIIB), which was joined by 57 member states. As of Dec 19, 2018, the total number of members increased to 93, and 35 projects had been carried out in 13 countries. The Bangladesh Power Distribution System Upgrade Expansion Project, the Indonesia National Shanty Town Transformation Project, the Pakistan National Highway Project and the Tajikistan Dushanbe-Uzbekistan Border Road Improvement Project have received financial support from the AIIB. The idea of joint project implementation through consultation to meet the interests of all has since turned into reality .

The "Belt and Road" initiative has drawn strong and positive feedback from the international community. On November 17, 2016, the 71st session of the 193 members of the United Nations General Assembly unanimously endorsed the adoption of resolution A/71/9 to welcome the "Belt and Road" proposal, encouraging all of its member states to boost economic development of Afghanistan and the region through participation in the proposed project. In addition, it called on the international community to provide a safe and secure environment for the implementation of the initiative. On March 17, 2017, the United Nations Security Council unanimously adopted resolution NO. 2344, and called on the international community to rally assistance to Afghanistan, and strengthen regional economic cooperation through the "Belt and Road" strategy, etc. It also urged all parties to provide a safe and secured environment for carring out the program.

In January 2017, President Xi Jinping delivered a keynote speech at the United Nations Office at Geneva titled "Work Together to Build a Community of Shared Future for Mankind," comprehensively and systematically elucidated the fundamental idea of a community with a shared future for mankind, and proposed Chinese Solutions to global problems, which echoed enthusiastically in the international community and was widely welcomed and highly applauded by many countries, organizations and political parties. At its 34th meeting, on March 23, the United Nations Human Rights Council adopted two resolutions on "economic, social and cultural rights" and "the right to food," which clearly stated the need to "build a community with a shared future for mankind." This is the first time the concept of a community with a shared future for mankind has been incorporated into a UN Human Rights Council resolution, and it has become an important part of the international human rights discourse system.

The "Belt and Road" is not a solo play by China only, but a symphony played in concert with Asia, Europe, Africa and countries around the world. China abides by the purposes and principles of the UN Charter, advocates openness and cooperation, espouses harmony and inclusiveness, supports policy coordination, fosters political mutual trust, builds consensus on cooperation, coordinates development strategies and promotes trade facilitation and the institutional mechanisms of multilateral cooperation. China has joined hands with more than 100 countries and regions to co- create a new Eurasian continental bridge. This has been accomplished by taking advantage of international transport routes that are supportive of the central cities along the "Belt and Road", and building key economic and trade industrial parks as a platform for cooperation. China-Mongolia-Russia, China-Central Asia-West Asia, China-Pakistan, Bangladesh-China-India-Myanmar, China-Indochina Peninsula and other international economic cooperation corridors are progressing smoothly. China Railway Express accentuates trade and shipping overland between China and Europe with a bright future. Meanwhile, key sea ports also serve as the nodes to jointly build a smooth, safe and efficient transportation network, and hence enables a close connection between land and sea routes. Together with the overland cargo train transportation, the frequent cargo ships sailing on the Pacific, Indian and Atlantic Oceans poses an amazing picture. In summary, the relevant resolutions and documents of the Asia-Pacific Economic Cooperation, the Asia-Europe Meeting, and the Greater Mekong Subregion Economic Cooperation program all embody the "Belt and Road" initiative. By bringing together the world's wealth, Silk Road Fund, development finance, and supply chain finance strive to build a green, healthy, intelligent and peaceful Silk Road, and enhance the well-being of people around the globe.

The "Belt and Road" is a grand blueprint that has never been seen in human history. It is also a warm heart line that connects Asia, Africa and Europe to countries around the world. The Silk Road Economic Belt includes China via Central Asia, Russia to Europe (Baltic Sea), China via Central Asia, West Asia to the Persian Gulf, the Mediterranean Sea, China to Southeast Asia, South Asia, and the Indian Ocean; the 21st Century Maritime Silk Road includes from China's coastal ports to the South China Sea as well as the Indian Ocean that extends to Europe and the South Pacific. Friendly exchanges among countries are just a camel-ride and a boat trip away from each other.

In this new era and the great course of renovating the spirit of the ancient Silk Road, President Xi Jinping dedicated to cherish the pioneers of the Silk Road and particularly pay tribute to the founders of the spirit of the ancient Silk Road:

"In ancient times, our ancestors struggled through deserts and sailed in boundless seas to transport Chinese products to countries overseas, taking a lead in international friendly contact. Along that path, Kan Ying,

Zheng He and Ibn Battuta were all known as envoys of this China-Arab friendship. Through the Silk Road, Chinese inventions like paper-making, gunpowder, printing and the magnetic compass were spread to Europe, and Arabic conceptions like astronomy, the calendar and medicine were introduced to China.

For hundreds of years, the spirit that the Silk Road bears, namely, peace and cooperation, openness and inclusiveness, mutual learning, mutual benefits and win-win results, has lived on through generations."[1]

There is a Chinese saying that when you drink the water, think of those who dug the well. The implication that the Chinese people never forget history is clearly demonstrated in our excellent cultural tradition of commemorating the sages and at the same time looking forward to the future. It also points out the direction and path for the Chinese Biographical Literature Society to participate in the "Belt and Road" initiative.

On the ancient Silk Road, we have never forgotten Zhang Qian's diplomatic missions to the western regions in Han Dynasty that include Kazakhstan, the good neighbor Pakistan with high mountains and beautiful rivers, acrossing Eurasia country Russia, grassland country Mongolia, Himalaya floating paradise Nepal, Bodhi Ganges blessed country India, cultural treasure Iran, the first Codex System member country Iraq, Red Sea gateway Yemen, oil kingdom Saudi Arabia, the Persian Gulf pearl Bahrain, cedar country Lebanon, Gulf Star Kuwait, desert peak UAE, the Peninsula pearl Qatar,and Oman - the gatekeeper

---

[1] Xi Jinping: "Promoting the Silk Road Spirit and Deepening China-Arab Cooperation." Key note speech at the opening ceremony of the 6th Ministerial Meeting of the China-Arab States Cooperation Forum, June 6, 2014, People's Daily, section one.

of Hormuz Strait, thousand-lake country Belarus, Turkey at the Eurasian crossroads, Israel - a land flowing with milk and honey, Ukraine of European granary, Italy - the cultural pinnacle of Apennines, Switzerland on the top of Europe, rose country Bulgaria, and Germany, a nation famous for great thinkers, France, the center of the European culture, the welcoming and comfortable Belgium, tulip country Netherlands, the warm and sunny Spain, as well as the elegant England, pyramid country Egypt in North Africa, Ethiopia on the roof of Africa, the Vanilla Capital country Madagascar, and so on.

Along the Maritime Silk Road, we will come across Malaysia, the country of rubber, garden country Singapore, the Thousand Islands country Philippine, and Indonesia, an emerald on the equator line. Down the Lancang-Mekong River all the way south, we will experience Vietnam whose land moistened by the Lancang-Mekong River, Thailand, the country of thousand Buddhas, the smiling country of Khmer Cambodia, and Laos, the "Land of a Million Elephants." On the Indian Ocean, we will also see the ocean pearl Sri Lanka, the ocean star and key Mauritius, the rich and abundant Brunei, the freedom seeker East Timor, the idyllic Maldives, and Australia, a country on the back of the sheep, New Zealand, the back garden of God, and so on.

In the countries along the Belt and Road, those ancient and modern figures who have influenced human and social development, the destiny of countries and nations for thousands of years, and have had dealings with China are still seen in today's textbooks, movies and television dramas. Their influence and charm are still felt by generations of young people.

Certainly, for the Chinese people, we are more familiar with the pioneers of the Silk Road. Have we ever remembered? Among the trail blazers of the Silk Road were Emperor Wu of Han Dynasty and his envoys, Emperor Li Shimin, the co-founder of the Tang Dynasty that epitomized a golden age and his subjects, the Song imperial court and numerous sages who continued good-neighbor practice and friendly maritime navigation, as well as the Yuan Dynasty warriors who led armored cavalry with shining spears, the Ming Dynasty figures who unified the country, and the Qing Dynasty characters who maintained a clear mind during global turmoil, as well as the modern individuals who, by learning from both the west and the east in a time of rapid change, had the courage to build a sea power nation. There were also the guardians of Dunhuang Mogao Grottoes known as the Silk Road Pearl, the generals who safeguarded the country and helped the neighbors, and the diplomats who convey information and messages between China and foreign countries. Without a doubt, it is our current era that features true heroes. We can not praise highly enough the contemporary people who have been plunging themselves into the development of the new Silk Road.

Hard work pays off, family line continues, wisdom passes on, and history pushes forward! The history of friendly exchanges for more than 2,100 years has never ceased, and traffic between China and the West, which benefits the three continents, has been nonstop. The "Chinese Dream" and "World Dream" in the 21st century have become the chord of our time for humanity's shared future, resounding on the "Belt and Road." For this reason, in May 2017, Beijing welcomed thousands of leaders from all walks of life, including heads of government, former eminent statesmen, well-known entrepreneurs, distinguished experts and scholars from the "Belt and Road" countries, as well as leaders of international organizations to attend the first "Belt and Road" Forum for International Cooperation. This grand event of "Thousands of people's meeting" shared "solidarity, mutual trust, equality, inclusiveness, mutual learning and win-win cooperation"[1] and exchanged views on this "great undertaking benefiting of the people of all countries along the route."[2] This is a big day that should be remembered in the history of the Chinese nation and the world.

In the implementation of the "Belt and Road" initiative, the Chinese Biographical Literature Society that devotes to biography writing, takes as its the mission "telling the good stories" of the "Belt and Road," which is also the responsibility entrusted to us by the state.

Under the leadership of the China Federation of Literary and Art Circles and the guidance of the National Global Strategic Think Tank of the Chinese Academy of Social Sciences, the Chinese Biographical Literature Society, with its love for the family and the nation, a keen spirit of the age and the responsibility of writing decent biographies, by careful research, thorough planning and thoughtful organization, made an unwavering decision to devote itself to organizing and publishing the "The Legend of the People along the Belt and Road nations." These brilliant volumes of biographies tell the stories of nearly a thousand national characters, involving laborious work from hundreds of expert writers who had been writing day and night over last year. Our gratitude extends to China International Chamber of Commerce for the Private Sector for their sponsorship, and Contemporary World Publishing House Co., Ltd., a central state cultural enterprise, for the publication distribution. Thanks to their generosity and effort, readers now have the opportunity to

---

[1] Xi Jinping: "Promote Friendship between Our People and Work Together to Build a Bright Future." Keynote speech at Nazarbayev University in Kazarkhstan, September 7, 2013.
[2] Ibid.

read the vivid yet serious and interesting yet enlightened biographies of outstanding people from many nations.

Confucius said, "Benevolence is the characteristic element of humanity." Let the brilliant ideas of the wise men of all nations light up our path to explore the future of mankind.

The biographies are written for high ideals. Herein is the introduction.

President of the Chinese Biographical Literature Society
Director of the Editorial Board of
"The Legend of the People along the 'Belt and Road'"
Dr. Wang Li
March 30, 2019

目 录

引 言　　　　　　　　　　　　　001

Chapter 01

"日心说"创始人
——哥白尼　　　　　　　　011

01 对宇宙探寻的脚步从远古走来　014
02 热爱天文学的天才少年　　　　017
03 "日心说"的形成　　　　　　　022
04 晚年的艰难岁月　　　　　　　028
05 划时代的巨著《天球运行论》　034
延伸阅读：世界上第一套哥白尼邮票　042

Chapter 02

浪漫主义钢琴诗人
——肖邦　　　　　　　　　　045

01 一鸣惊人的天才少年　　　　　048
02 在艺术巅峰中守望乡愁　　　　053
03 李斯特和肖邦　　　　　　　　057
04 肖邦与乔治·桑　　　　　　　059
05 魂归故里　　　　　　　　　　066
延伸阅读："肖邦"给申城古典乐带来哪些新灵感　　　　　　　　　　　072

Chapter 03 中西文化交流先驱——卜弥格　077

01 立志东方传教，遣欧外交使臣　080
02 汉学研究第一，东学西传先驱　086
03 学术评价极高，影响深远巨大　097
延伸阅读：17世纪绘画中国的波兰人
　　　　　　　　　　　　　　　102

Chapter 04 波兰语言大师——显克维支　105

01 学生时代　107
02 作家之旅　118
03 艺术巅峰　124
延伸阅读：《小音乐家扬科》　129

Chapter 05

医生界的"辛德勒"
——拉佐斯基　　　133

01 投笔从戎，舍身报国　　136
02 妙手仁心，造福乡里　　137
03 偷天换日，挽救众生　　139
04 昔日英雄，暮年扬名　　149
延伸阅读：历史上几次重大传染病　　152

Chapter 06

为农民"画像"的文学巨匠
——莱蒙特　　　157

01 早年坎坷 立志从文　　160
02 坎坷的婚姻，善良的为人　　164
03 创作伟大史诗，无奈英年早逝　　167
延伸阅读：莱蒙特：农民生活的杰出画师
　　172

Chapter 07 波兰"白求恩"
——傅拉都 179

01 以医从戎的国际主义战士 **182**
02 与中国共产党人的战友情谊 **183**
03 战斗在印缅战区 **184**
04 凝结中波友谊的使者 **185**
05 中国人民没有忘记他 **186**
延伸阅读：国际援华医疗队：抗战中一支不能忽视的人道力量 **188**

Chapter 08 诗坛"莫扎特"
——辛波丝卡 195

01 对诗歌一见钟情 **198**
02 毕生求新，以小博大 **203**
03 内容丰富，境界高远 **205**
04 荣誉等身，世界点赞 **209**
延伸阅读：维斯瓦娃·辛波丝卡经典语录 **211**

后　记 **213**

Contents

Introduction / 001

Founder of the Heliocentric Theory: Nicolaus Copernicus / 011
Poet of the Piano in the Romantic Era: Frédéric Chopin / 045
Pioneer of East-West Cultural Exchange: Michel Boym / 077
Master of the Polish Language: Henryk Sienkiewicz / 105
The "Polish Schindler": Eugene Lazowski / 133
Giant of Peasant Literature: Wladyslaw Reymont / 157
The "Polish Bethune": Stanisław Flato / 179
The "Mozart of poetry": Wisława Szymborska / 195

Afterword / 213

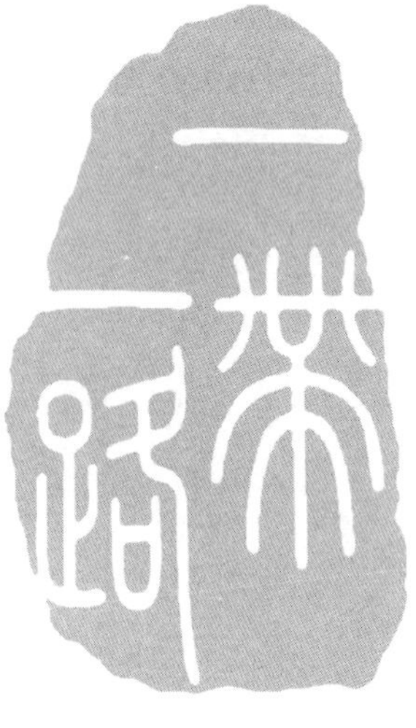
一带一路

引　言

波兰共和国（波兰语：Rzeczpospolita Polska，英语：The Republic Of Poland），简称波兰（Poland），是一个由16个省组成的民主共和制国家。位于欧洲大陆中部，北临波罗的海，南接捷克和斯洛伐克，东临白俄罗斯，西接德国，并与瑞典和丹麦遥遥相对，东北和东南部则与立陶宛和乌克兰接壤。波兰国家总面积312,685平方千米，南北长649千米，东西相距689千米。边界线总长有3538千米，海岸线长528千米。波兰是一个多湖国家，享有"千湖之国"的美誉。全国水面积为1公顷以上的湖泊有9300个，总面积为3300平方千米，约占全国总面积的1%。

"波兰"在斯拉夫语中意为"平原"。全境地势平坦、广阔，平均海拔为174米。75%的国土在海拔200米以下（远低于欧洲平均海拔300米的高度），仅有3%的地区海拔超过500米。

波兰东北部湖区有茂密的森林。波兰地势呈现北低南高，北部多是冰碛湖，南部则主要是丘陵。主要山脉有喀尔巴阡山脉和苏台德山脉。较大的河流是长 1047 千米的维斯瓦河，被称为波兰的母亲河。波兰最大的湖泊是面积 109.7 平方千米的希尼亚尔德维湖。

波兰人口是 3815 万人，人口密度 122 人/平方千米（2021 年统计数字）。其中，信仰天主教的波兰人占 95% 以上，其余为东正教、基督教新教和其他教派。

波兰大多数人都是波兰族，约占总人口的 97.1%。其他少数民族还有德意志、白俄罗斯、乌克兰、俄罗斯、立陶宛、犹太等。波兰的官方语言是波兰语，属斯拉夫语系。1989 年后，特别是近年来，英语在波兰也日益普及，会讲俄语和德语的人也越来越多。波兰的货币为兹罗提。

波兰首都华沙属于东一时区，比北京时间晚 7 个小时。每年 3 月到 10 月实行夏令时，比北京时间晚 6 小时。

波兰国旗呈横长方形，长与宽的比例是 8∶5。旗面由上白下红两个平行相等的长方形组成。白色象征着纯洁，也代表着波兰古老传说中英勇不屈的白鹰；红色代表热血。波兰国旗体现了波兰人民对于和平、自由、民主和幸福的美好期望，也寓意着革命斗争的胜利。

波兰的国徽呈盾形，色彩和国旗一样，也是红白为主。红色的盾面上有一只傲然挺立的白鹰。它头戴金冠、舒展着有力的翅膀,是历经磨难而威武不屈的波兰人民的象征。

波兰的国歌名叫《波兰没有灭亡》。歌词来源于18世纪一个叫维比茨基的波兰指挥官写的一首诗《波兰没有灭亡》;歌曲的主旋律则用肖邦著名的《马祖尔卡》舞曲。这首歌曾是波兰军团的战歌,1926年被正式确定为波兰国歌。歌词翻译为中文如下:

波兰没有灭亡,

只要我们一息尚存,

波兰就不会灭亡。

举起战刀,收回失地,

前进,前进,东布罗夫斯基

从意大利到波兰,

在您的领导下,

我们将亲如一家。

我们跨越维斯瓦河,

渡过瓦尔塔河,

成为真正的波兰人。

拿破仑已经告诉我们,

如何去取得胜利,

前进,前进,东布罗夫斯基

就像恰尔涅茨基到波兹南,

结束瑞典人的占领。

为了保卫我们的祖国,

我们将渡海归来。

前进,前进,东布罗夫斯基

父亲对女儿Basia

激动地说:

听啊,我们的战士们敲响了战鼓

前进,前进,东布罗夫斯基

波兰国家起源于西斯拉夫人中的波兰、维斯瓦、西里西亚、东波美拉尼亚、马佐维亚等部落的联盟。公元966年,波兰大公梅什科一世接受天主教为国教,建立了皮亚斯特王朝。1025年,博莱斯瓦夫一世(992—1025年在位)加冕为波兰国王。14到15世纪,波兰进入鼎盛时期。16世纪,波兰与立陶宛联合组成波兰–立陶宛王国,成为欧洲大国,史称"第一共和国"(15世纪中叶至1795年)。1772年、1793年和1795年,波兰分别被沙俄、普鲁士和奥地利三次瓜分。

1772年8月俄、普、奥签署第一次瓜分波兰的条约,波兰自此丧失了30%的领土、33%的人口,沦为三国的保护国。1793年1月,俄、普在彼得堡签订第二次瓜分波兰的协定,此时波兰成为领土仅有20万平方千米、400万人口的小国。最悲催的是,作为俄罗斯的傀儡,波兰国王未经沙皇许可,不得与外国宣战或结盟。1795年10月,俄、奥、普三国签订第三次瓜分波兰的协定,波兰领土就此被全部瓜分。至此,存在800多年的波兰国家宣告灭亡,并从欧洲版图上消失了整整123年。

1918年11月,波兰终于取得独立,成立了波兰共和国,在历史上称为"第二共和国"(1918—1939年)。1939年9月第二次世界大战后,德国以闪电战突袭波兰,迅速侵占波兰大部分领土,1940年9月28日,德军攻陷华沙,波兰再次沦亡。自此,波兰人民开始了反法西斯民族解放战争。1942年,流亡政府在国内建立了国民军。同年,苏联支持的波兰共产党人建立了波兰工人党和人民军。1944年7月22日,全国人民代表会议在海乌姆组成了波兰民族解放委员会,颁布了具有历史意义的《七月宣言》,宣告波兰人民共和国(1944—1989年)成立,由波兰统一工人党执政。

1980年,反政府组织团结工会组织了全国大罢工。波兰当局于1981年12月至1983年7月实行战时状态,宣布团结工会为非法组织。1989年2月至4月,波兰统一工人党与团结工会等反对派举行圆桌会议,通过了团结工会合法化和实行议会民主等决议。两个月后,团结工会在波兰议会大选中胜出。同年的12月29日,议会通过宪法修正案,改国名为"波兰共和国",恢复了"戴王冠的白鹰"为波兰国徽,在历史上称为"第三共和国"（1989年至今）。

2004年5月波兰加入欧盟，2007年12月21日成为申根公约会员国。2010年4月10日，为纪念卡廷惨案70周年，时任波兰总统莱赫·卡钦斯基在赴斯摩棱斯克的途中，其乘坐的飞机在俄罗斯坠毁，机上包括总统在内的88人全部遇难。2016年11月19日，波兰官方正式宣布耶稣基督加冕为波兰国王。

波兰首都华沙在二战期间绝大多数建筑被毁。战后波兰人民根据战前完整保存下来的建筑图纸，仅用了20年时间，就重建了一座与战前一样古朴而美丽的华沙城。1980年，完全重建的华沙"古城"被列为到联合国《世界文化保护遗产名录》，境内还有14处景点被列入联合国世界文化遗产目录。最著名的有：地下盐矿博物馆、托伦古城、木质教堂群、克拉科夫古城、奥斯威辛集中营博物馆等。

在华沙，战争纪念牌特别多。走在街头，你会随时看到悬挂在某个建筑物上有一个纪念牌，上面记录具体的时间、在这里曾发生过的战斗或事件，以及为了国家的独立自由而壮烈牺牲的波兰士兵的名字。在奥斯威辛集中营解放周年等特殊日子，波兰中央政府都会组织各种纪念活动，提醒波兰人民勿忘历史。

波兰的绝大多数学生都参观过奥斯威辛集中营和二战爆

发地。聆听和回望历史，怀念为国捐躯的英雄，是每个波兰人从小到大的必修课。

波兰人举止优雅，语言文明，彬彬有礼。在社交场合问候他人时，都会用敬语。按照波兰人的习惯，任何人在交际场合被介绍给他人后，必须主动同对方握手，同时报上自己的姓名，否则会被认为失礼。在波兰民间，盛行吻手礼，通常行礼的对象是已婚妇女。在行礼时，男士应双手捧起女士的手在其指尖或手背上象征性地轻吻一下。去音乐厅、剧院等公共场所，必须讲究衣着与装束，穿礼服；在室内，男士必须脱帽，否则会被视为不礼貌。在餐桌上吃东西，女士优先。波兰人酷爱鲜花，国花是象征欢乐和幸福的三色堇。需要注意的是，给波兰人送花，一定要单数，哪怕一枝都行，不要送双数，也不可以送菊花。

波兰人民和中国人民的友谊源远流长。二战期间曾经帮助中国人民抗战的国际医疗队负责人傅拉都医生就是波兰人。1949年10月7日，波兰同中华人民共和国建立大使级外交关系，是最早承认中华人民共和国并建立外交关系的国家之一。中波两国的经贸关系始于1950年，波兰是中国在中东欧地区最重要的经贸合作伙伴之一，是本地区首个对华贸易额突破100亿美元的国家。近年来，双边贸易关系发展总体平稳顺利，贸易额持续增长，相互投资活跃，合作领域不断拓宽。

如今的波兰也有不少中国元素，如华沙著名的皇家瓦津基公园，因为园中竖有一座肖邦的铜像而被中国人称为"肖邦公园"。"肖邦公园"曾经是中美建交前大使级会谈的重要场所，中美曾经在此进行了长达8年的会谈。2012年，公园恢复了中国大道历史景观；2014年，公园内的中国亭也恢复重建。

2004年，中波两国确立友好合作伙伴关系。2011年，两国关系升级为战略伙伴关系，经贸往来与日俱增。2016年，两国关系提升为全面战略伙伴关系。目前，波兰已成为中国在中东欧地区最大的贸易伙伴。

波兰是中欧中心，是中国通往西欧的门户，为促进经济发展，波兰响应中国提出的"一带一路"倡议，作为落实该倡议的典型项目，"蓉欧快铁"（已更名为"中欧班列"）于2013年4月开通，满载41个集装箱的列车，从中国成都出发，经哈萨克斯坦、俄罗斯、白俄罗斯抵达波兰的罗兹市，列车装载着中国商品从这里转运到中东欧及西欧。

波兰是一个具有悠久历史和文化底蕴的国家。了解波兰的历史和文化，对于发展中波两国的友好合作关系，促进"一带一路"的建设，无疑具有重大深远的意义。本书是一本关于波兰历史名人的传记，翻开它，你可以和伟大的天文学家哥白尼一起探寻"日心说"的秘密;倾听钢琴诗人肖邦如何将自己短暂而悲壮的人生化作不朽的音符;看到波兰的传教士卜弥格如何呕心沥血,开创中西方文化交流的先河;还有波兰语言大师显克维支,医生界的"辛德勒"拉佐斯基,文学巨匠莱蒙特,支援中国抗战、堪称波兰"白求恩"的傅拉都,波兰的国民偶像、有"诗坛莫扎特"之称的辛波斯卡……读到这些灿若星辰的名字和他们背后的故事,就了解了波兰苦难而辉煌的历史,也就明白了为什么马克思称波兰为"欧洲不死的勇士"。

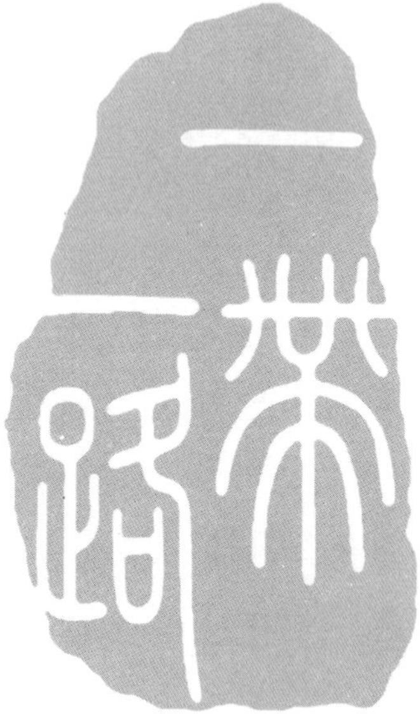
一茶一路

"日心说"创始人

——哥白尼

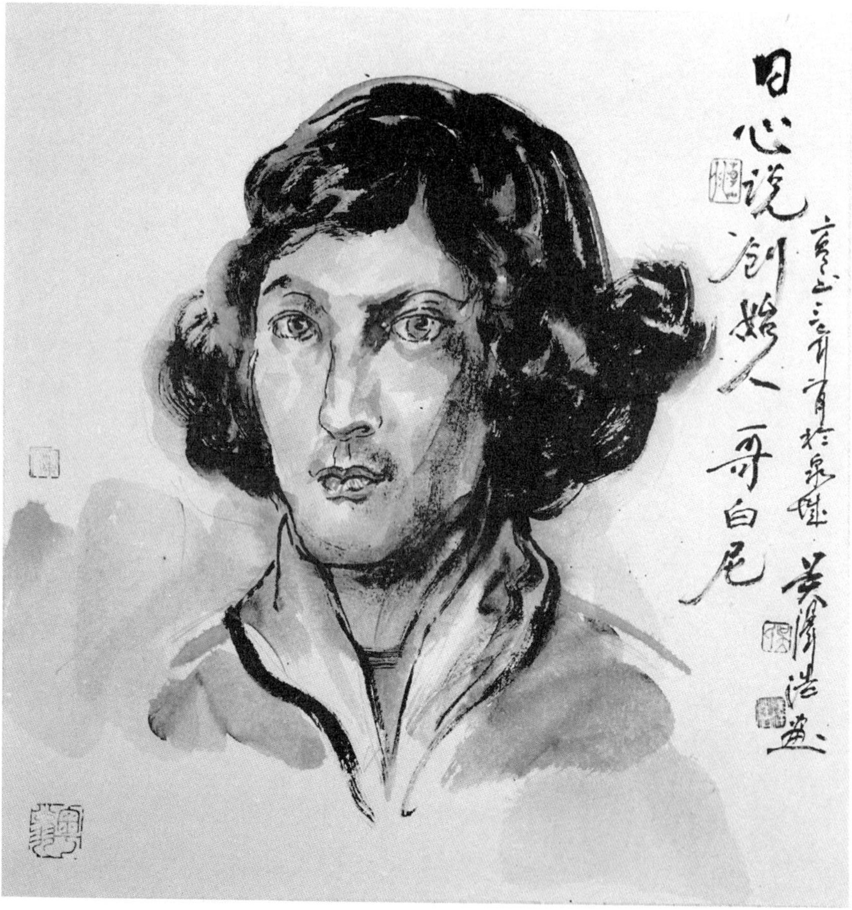
日心说创始人
哥白尼

尼古拉·哥白尼（1473—1543 年），文艺复兴时期的波兰数学家、天文学家，人类现代科学发展史上最伟大的革命家之一。出生于波兰维斯瓦河畔的托伦市（city of Toruń）的一个富裕家庭。18 岁时就读于波兰旧都的克拉科夫大学（Kraków University），在他学习医学期间对天文学产生了兴趣。1496 年，23 岁的哥白尼来到文艺复兴的策源地意大利，在博洛尼亚大学（Bologna University）和帕多瓦大学（University of Padua）攻读法律、医学和神学。博洛尼亚大学的天文学家德·诺瓦拉（de Novara，1454—1540 年）对哥白尼影响极大，在他那里哥白尼学到了天文观测技术及希腊的天文学理论。哥白尼 40 岁时提出了"日心说"（the Heliocentric Theory），后来在费拉拉大学（University of Ferrara）获宗教法博士学位。哥白尼成年的大部分时间是在费劳恩译格大教堂当一名教士。哥白尼作为一位非职业天文学家，他的成名巨著都是在业余时间完成的。

中世纪的欧洲笼罩在一片黑暗和愚昧之中，欧洲的文艺复兴揭开了新世纪的序幕，人文和科学的光辉初步显露。这是一个需要巨人并产生了巨人的时代，哥白尼就是这个时代造就的巨人之一，他以毕生精力所完成的《天球运行论》正式宣告将自然科学从愚昧的神学中解放出来，并成为一门独立发展的科学门类；他提出的"日心说"，沉重打击了教会的宇宙观，奠定了近代天文学的基础，为后世留下宝贵的遗产，也使他步入不朽的伟人之列，永垂史册。

01
对宇宙探寻的脚步从远古走来

　　漫漫长夜，繁星点点，月圆月缺，潮来潮去。我们的祖先从蒙昧走向文明，从被动感受自然界的风风雨雨，到逐步掌握四时运行规律，宇宙真相在无数智者的观察思考中，逐步清晰起来。

　　尧舜时代，中国的劳动人民就注意到每天黄昏时，在南方天空分别看到鸟、火、虚、昴等四宿的出现，以此为根据就可以确定仲春、仲夏、仲秋、仲冬四个季节。到了公元前18至前12世纪，中国已经有了日食的记录和计时制度。

　　西方天文学发展最早的国家是巴比伦。公元前3000年，人们已经知道利用观察月亮的阴晴圆缺测定一个月的长短，发现太阳、月亮和行星在天空中运行的轨迹都在一个大圆圈附近，把这一带分为12个等分，并以其附近的星座去命名。希腊人继承和发展了巴比伦人的天文知识，把这一带叫黄道带，这12等分叫作黄道十二宫，一年内太阳要经过这十二宫。

巴比伦人已经发现太阳、月亮与行星在黄道带内运行的速度不是均匀的，他们将这些天体在各宫内运行的速度列表记录下来，形成了最早的行星理论。

公元前8至前6世纪，在地中海沿岸一带形成了古希腊奴隶制的城邦国家。公元前5世纪左右，古希腊人创造了高度文明的古代文化，并开始用数学的理论去考虑天文的问题。

2500年前的毕达哥拉斯创立了集政治、学术、宗教一体的组织——毕达哥拉斯学派，他们认为"万物皆数，数即万物"。10是最完美的数，圆是最完美的形，球是最完美的体。根据这种数学信仰，毕达哥拉斯学派提出大地、天体，以及整个宇宙都是圆球的假说；同时也相应地提出了天体运动都是匀速圆周运动的假说。

既然天体运动是圆周运动，那么整个宇宙必然有一个中心。在"什么是宇宙的中心"这一问题上，毕达哥拉斯学派发生了分歧，其中有人提出了地球环绕中心火球运动的假说，而另一些人提出了地球是宇宙中心的假说。

到古希腊的雅典时期，毕达哥拉斯学派的杰出追随者亚里士多德出现了。亚里士多德以后，古希腊数学家欧几里得在《几何原本》中建立起一个系统的演绎几何学体系，为天文观测和计算提供了有力的数学工具。继欧几里得之后，古希腊另一名数学家阿波罗尼在研究圆锥曲线的基础上，最先提出了本轮和均轮的学说。本轮和均轮学说是一种用以解释天体运动的以圆周运动为基础的几何结构。此后，阿波罗尼的这套几何结构为古希腊另一名天文学家希帕克斯所继承和发展。希帕克斯用一个固定的偏心圆轨道解释太阳的视运动，用另一个移动的偏心圆轨道解释月球的运动，而行星的运动则以各自的本轮—均轮系统来解释。这样，由阿波罗尼最先提出的本轮—均轮体系，就被希帕克斯较好地用以解释了人类所观察到的天体的视运动现象。到了古希腊后期，地心体系的理论模式和几何结构，实际上已经建立起来。

之后，托勒密对亚里士多德、阿波罗尼和希帕克斯等人的学说进行了系统的整理、加工和综合，建立起一个可供制订历法作为理论基础的"地心说"。托勒密的地心体系逐渐为以后的天文学家所接受。

托勒密的"地心说"成为基督教神圣不可侵犯的宗教信条。对当时还处于孕育中的近代科学来说，对"地心说"的任何怀疑都意味着革命。在这种历史背景下，近代科学的伟大先驱、波兰杰出天文学家哥白尼诞生了。

02

热爱天文学的天才少年

哥白尼生前没有留下多少关于自己的文字，他的学生曾为他撰写过一篇传记，可惜遗失了。第二篇关于哥白尼的传记是在他去世后大约200年追记的。关于哥白尼的生平，有许多已成为永久的秘密，所以我们尽量用事实说话。

在哥白尼的青少年时代，一方面，中国发明的造纸术还没有传入欧洲，知识的传播还不普遍；另一方面，商人和农民都要学习一些文化知识，而对学习知识最感兴趣的是市民阶层，贵族在这一时期也抛弃了所谓知识会削弱战斗力的偏见，以丝毫不亚于对弯弓射箭的兴趣同笔墨打起交道来，神职人员失去了对知识的垄断权。当时的波兰国王卡齐米日·维尔基虽然是文盲，但他重视科学，创建了波兰第一所大学——克拉科夫大学，这所大学是中欧创建最早的大学之一。

哥白尼于1473年2月19日出生在波兰维斯瓦河畔托伦市的一个经济条件殷实的商人家庭，他的父亲是一位成功的商人，母亲巴尔巴拉·瓦兹洛德出身名门。哥白尼在家乡托伦度过了幸福的、无忧无虑的童年。1483年，哥白尼的父亲去世，10岁的尼古拉和另外3个孩子：安杰伊、巴尔巴拉和卡塔日娜，全部由舅父路加斯·瓦兹洛德大主教抚养。大主教是一位具有人文主义思想的进步人士，所以，哥白尼从小受到了良好的教育，先后到圣约翰学校和弗洛克拉维克的教会学校学习。

哥白尼从少年时代起就热爱天文学。中学时，在老师的指导下，哥白尼制造了一具按日影以定时刻的日晷，他对天文学的兴趣更加浓厚了。1491年，舅舅把18岁的哥白尼和他的哥哥安杰伊送到克拉科夫大学读书，哥白尼开始了持续15年之久的大学时代，大学生活成了哥白尼一生中重要的转折。在克拉科夫大学，哥白尼有机会接触一些最杰出的人文主义者，对哥白尼影响最大的是具有进步思想的数学家和天文学家沃伊切赫·波鲁泽夫斯基教授。沃伊切赫是当时欧洲最著名的天文学家之一，是一位人文主义者。沃伊切赫对哥白尼来说，不仅是学者和人文主义者的典范，还是富有公民道德、爱国主义和其他各种美德的楷模。他影响了哥白尼一生，在年轻哥白尼的心灵深处最早播下怀疑的种子，使哥白尼敢于怀疑当时普遍公认的法则，而正是这种怀疑精神进一步激励哥白尼实现了具有划时代意义的发现。

沃伊切赫虽然是托勒密体系的信奉者，但对托勒密地心体系的某些细节产生过怀疑，并公开提出过某些异议。如他认为水星和月球本轮的中心所形成的均轮应当是椭圆轨道，而不是托勒密所说的正圆轨道。在老师的影响下，哥白尼开始研究托勒密的地心体系，并开始进行简单的天象观测。

在克拉科夫大学期间，哥白尼刻苦钻研天文学和数学，他曾搜集、阅读和研究了许多有关天文学和数学方面的书籍，并在书中空白处作了详细注释，保存下来的书中，还粘贴有他的演算草稿。他在学习期间还利用"三弧仪"、捕星器观测月食和天体运动，他的"日心说"思想就是在这个时期萌生的。

3年后，哥白尼在克拉科夫大学医学院毕业后回到托伦，他的舅父已被罗马教皇任命为波兰瓦尔米亚城邦的大主教。这位大主教想为哥白尼兄弟谋求僧侣职位，但没有成功，于是决定把哥白尼兄弟送到意大利留学。1496年，23岁的哥白尼和他的哥哥一道，告别祖国，翻越阿尔卑斯山，到达文艺复兴的策源地意大利。

文艺复兴发源于13世纪末期。在意大利商业发达的城市，新兴的资产阶级中的一些先进的知识分子借助研究古希腊、古罗马艺术文化，通过文艺创作，宣传人文精神，其核心是提倡人性，反对神性，主张人生目的是追求现实生活中的幸福，倡导个性解放，反对神学思想，认为人是现实生活的创造者和主人，肯定人的价值和尊严。这场运动很快扩散到西欧各国，于16世纪在欧洲盛行，带来一段科学与艺术革命时期，揭开了近代欧洲历史的序幕，被认为是中古时代和近代的分界。

哥白尼来到意大利的时候，这里正处于文艺复兴运动的高涨时期。在当时的意大利，有两所最著名的大学波仑亚大学和帕多瓦大学，这里人文主义思潮激荡，天文学、医学、数学等自然科学的教学非常活跃。

1492年，意大利人哥伦布率领的西班牙船队发现了美洲新大陆，使得航海成为推动天文学进一步发展的动力。

哥白尼来到意大利之后，最初进入波仑亚大学学习教会法。当他发现他最喜爱的是天文学和数学时，便兼学天文学。哥白尼结识了这所大学著名的天文学教授达·诺法拉。

诺法拉是一位具有鲜明的人文主义思想倾向的天文学家，拥有丰富的天文观测经验，曾亲自实测过南欧一些城市的纬度，发现实测值与托勒密的数据有出入。他还观测过黄道倾角，发现实测值与托勒密的数据也不一致。为此，诺法拉对托勒密的地心体系大胆提出质疑。

具有探索精神的人文主义思想家诺法拉，还是一位毕达哥拉斯主义的坚定信奉者。他坚信，宇宙体系绝不像托勒密体系那样繁琐，不仅应当，而且可以用简单的数学关系表示出来。

诺法拉的思想倾向于科学风格，给青年哥白尼以深刻的影响。在诺法拉的影响下，哥白尼比较系统地研究了古希腊自然哲学史、古希腊天文学史，并由此得知，在古希腊自然哲学和古希腊天文学中，还有各种非地心学说，以及关于地球运动的各种假说，古希腊时期的天文学家阿利斯塔克明确地提出最初的"日心说"。广泛的阅读，给了哥白尼后来建立科学"日心说"以最初的理论启迪，正是那些理论使他"开始思考地球运动的问题"。

哥白尼还向诺法拉学到了一些天文观测经验。1497年3月9日夜晚，哥白尼曾与诺法拉观察过一次掩星现象。掩星是一种天文现象，指一个天体在另一个天体与观测者之间通过运动而产生的遮蔽现象。一般而言，掩蔽者较被掩者的视面积要大。若相反者则称为"凌"，如金星凌日，"凌"有"以小欺大"的意思。哥白尼后来在《天球运行论》中引证的天象观测资料，有不少是在波仑亚大学学习时的观测记录。

几年后，诺法拉病逝。他没能看到哥白尼取得的天文学成就，当然也不知道他的这个波兰学生后来竟然成为近代科学的伟大先驱，但诺法拉对哥白尼的影响无疑是重要的，哥白尼手中后来高擎的科学起义的火炬，正是诺法拉点燃的。

03 "日心说"的形成

哥白尼在留学意大利近十年的岁月中，先后在几所著名大学求学和任教。继波仑亚大学之后，哥白尼进入以医学和法学闻名欧洲的帕多瓦大学，在这里，哥白尼学习法学和医学，并继续进行天文学研究。1499 年，哥白尼一度受聘于罗马大学，主要讲授天文学。后来，哥白尼又进入斐拉拉大学。

在帕多瓦大学，哥白尼有更多的时间用于天文学的研究，他记录的一段笔记表明，自己离天文发现已经很近了。他在笔记中这样写道：

> 菲洛拉奥斯承认地球是动的，听人说，赛莫斯的阿里斯塔克也是这样看法……这是可信的。……但是这种事情，只有敏锐的天才经过长期研究才有可能解决，因此……当时懂得行星理论的哲学家为数很少，多数人都隐藏起来。如果说菲洛拉奥斯或毕达哥拉斯的某一位信徒明白了这一点，那他大概也没有向后人传播这种理论。因为毕达哥拉斯的信徒们遵守了这样一条原则，既不通过书籍传播，也不向所有人说明这

一哲学的全部秘密，仅仅透露给知心的朋友和亲人。

在哥白尼生活的时期，对这种观点持小心谨慎态度是必要的，因为这违背教会权威们所认定的观点。

在意大利学习期间，哥白尼耳闻目睹了一些公然敢于冒犯教会学说者的命运和下场，这使得哥白尼十分清楚，发表不同理论可能带来的后果。他作为一个热爱生活的人，不想遭遇那些遭难的人同样的命运。另外他需要收集无可辩驳的证据和论据，任何人都推翻不了。而这需要时间，需要进行更多枯燥的工作。

在"清除天文学的陈旧垃圾"方面，虽然哥白尼的先驱们做了许多工作，但实现科学革命的重担却落到哥白尼的肩上。在大学期间，哥白尼基本掌握了当时人们所揭示出的天文学的所有奥秘。当时他有许多时间从事科学研究，但最终完成这项科学革命却是他回国以后的事情。在意大利学习的时候，他已经为自己的学说勾画了一个总的轮廓，后来为充实这一轮廓，付出了近四十个春秋。

从意大利回来，哥白尼一直住在埃尔门兰德，直至去世，因为他舅父就在这里的费龙堡大教堂担任主教。

费龙堡位于埃尔门兰德北部的滨海地区。城内有一个小丘，市民们的住宅聚集在小丘周围，丘上矗立着一座巍峨的教堂，教堂四周筑有高大的城墙，墙上还有箭楼，从这里可以眺望波罗的海蔚蓝色的海水。僧侣们就住在这座费龙堡大教堂内,而主教官邸则设在费龙堡西南64千米的黑耳斯堡。

哥白尼回国后,没有立即到费龙堡教堂去任职。一方面,瓦兹洛德主教已经年迈多病,很需要哥白尼留在身边协助料理教区事务;另一方面,哥白尼也希望有一段充裕的时间,来整理在意大利学习期间所搜集的大量资料,总结研究成果。因此,他就以主教医生的名义,留在黑耳斯堡的主教官邸里。

在跟随舅父的6年时间内,哥白尼在参与教区繁忙事务的同时,利用一切空暇时间从事研究工作,此时哥白尼已开始写作《天球运行论》一书初稿。

1512年,瓦兹洛德主教因病去世。哥白尼离开黑耳斯堡的主教官邸,到费龙堡大教堂任职。当时在这里任职的僧侣,生活悠闲,工作轻松,请假方便,所以哥白尼有足够的时间来继续他的研究工作。因为要证实他的理论还需要做更多观察,于是他选择了教堂城垣西北角的一座箭楼作为宿舍,在这里建立了一座小小的天文台,利用自制的仪器经常进行天文观察。他在《天球运行论》一书中所引用的27个观察材料,大部分都是在费龙堡时记录下来的。哥白尼所使用的仪器比较简陋,准确度也不够高,但他却从来没有因此而懈怠进行天文观测的实践活动。

哥白尼知道需要用大量的科学观测来支持自己的学说,

没有科学数据的支持，理论的基础就不稳固，学说就难以立足。他知道此前许多人曾经提出与教会宣扬的理论不同的观点，而且接近宇宙的本来面目，但都因为缺乏数据支持，致使设想近乎空想，一次次与真相擦肩而过，把无数绝佳的发明、发现的机会拱手相让。当然，科学的每一步前进，都和观测工具的不断发展密切相关。

哥白尼虽然身居欧洲大陆遥远的东北部，但他在天文学上的造诣，已经使他在这个大陆的心脏地区享有一定威望。1514年，罗马教廷邀请基督教国家的主教和大学教授去罗马讨论历法改革问题，哥白尼接到了邀请函，但他拒绝了这次邀请。回忆这件事时，哥白尼说："不久之前，在利奥十世统治下，有关修订教会历法的问题在拉特兰大教堂的会议上辩论过。当时这个问题没有得到解决，就是因为没有能够把年和月的长度，以及太阳和月球的运行十分精确地定下来。从那时起，遵照曾经主管历法事务的有名的桑普罗尼阿主教保罗的指示，我在从事更精确的观察。"

在哥白尼的时代，改革历法已成为一个重大问题，古代沿用下来的儒略历误差很大，原来规定在3月21日的春分节，已提早10天到来，这个问题引起罗马教廷的重视，但在哥白尼看来，在还没有把年、月的长度及太阳和月亮的运行规律搞清楚之前，要从根本上解决历法问题是有困难的。

大约在1515年前,哥白尼以书信的形式撰写了一篇论文,寄给朋友和熟悉的天文学家。这篇论文开头的一句话是:"尼古拉·哥白尼浅说自己提出的关于天体运动的假设",于是这篇论文的名字被简称为《浅说》。《浅说》几乎传遍整个欧洲,哥白尼在《浅说》中以概括的方式简明扼要地阐述了"日心说"的基本思想:

(1)不存在一个所有天体及其轨道的中心点。

(2)地球中心不是宇宙中心,只是重心和月球轨道的中心。

(3)所有天体都围绕作为自己中心点的太阳运转,因此太阳位于宇宙中心附近。

(4)地球到太阳的距离同天穹高度之比,就如同地球半径同地球与太阳间距之比一样渺小。地球到太阳的距离同天穹高度之比是微不足道的。这就是说,由地球绕太阳公转所造成的观察角度的变化(表面上看似乎是行星在移动),被称为视差位移,它同观察者与天穹,也就是观察者与各行星的距离相比,简直是太小了,所以这个变化很难被发现。

(5)在天空中看到的所有运动,都是由地球自己的运动造成的。因为地球连同环绕它的自然要素(水和空气)一道每24小时围绕对天空来说不变的两极连线旋转一周。

(6)使人感到太阳在运动的一切现象,都不是由太阳的运动产生的，而是由地球及其大气层的运动造成的。地球带着它的大气层，像其他行星一样围绕太阳旋转。由此可见，地球同时进行几种运动。

（7）人们看到的行星向前和向后的运动，都不是行星自身的运动，而是由地球自身运动使人产生的错觉。地球运动的本身就足以解释人们在天空中观察到的各种各样的天象。

在书中，哥白尼批判了托勒密的理论，科学地阐明了天体运行的现象，推翻了长期以来居于统治地位的"地心说"，并从根本上否定了基督教关于上帝创造一切的理论。

不过，哥白尼发出的信件，没有收到他想象中的热烈掌声，《浅说》也没有引起收信人的很大兴趣，没有任何良好的反响。或许是没有人敢违背以教会权威和依《圣经》论述为支柱的公开理论来承认哥白尼的成果。所有人都保持缄默，可能有人在内心承认哥白尼是有道理的，但嘴上却不说什么。

不清楚地球和太阳的相关理论，不妨碍你在世上过着现实的生活，可是一旦与庞大的旧势力为敌，你的生活将难以为继，这是一定的。哥白尼是一个谨慎的颠覆者，但他的生活还是不可避免被卷入了，而且非常狼狈。对哥白尼的喝彩声，还要等到100年之后。

04
晚年的艰难岁月

1531年后,哥白尼逐渐摆脱了从事多年的公共服务工作,有更多时间来从事喜爱的科学活动。但在全欧正轰轰烈烈进行的宗教改革运动,使这位温和、善良的老人陷入艰难之中。

在当时意大利以北的一些国家,一个旨在改革宗教的思想运动正在兴起,后来发展到反对教会、教皇及其整个统治系统。

宗教改革运动在波兰遇到了适宜的气候,伴随着宗教改革的还有报复、泄愤以及各怀鬼胎,所以杀戮也随之而来。新教很快传到了埃尔门兰德地区,一些天主教徒纷纷改奉新教。哥白尼对这场具有历史意义的革命运动,态度十分矛盾。他一方面通过好友、虔诚的旧教徒基塞表达了他反对罗马教廷残酷迫害新教徒的做法,主张旧教徒和新教徒进行说理辩论,不应当把新教徒烧死;另一方面他又主张维持旧教教义中的"有价值部分"。

这时候,哥白尼的学说在欧洲传得越来越响,影响越来越大。新教首领马丁·路德在得知哥白尼学说后,对哥白尼胆敢违抗《圣经》的行为表示公开反对，并指责哥白尼说："这位新奇的天文学家，企图证明旋转着的是地球，而不是天体、太阳和月亮。现在的事儿就是这样：谁想当聪明人，谁就得想出点特殊的东西来，而且又一定是最好的！这个蠢人想把整个天文学连底都翻过来。然而，正如《圣经》所指出，约书亚喝令其停止不动的是地球而不是太阳。"路德的同伙也帮腔指责道："天体在空中24小时旋转一周，我们的双眼就是见证。但是某些喜欢猎奇和卖弄聪明的人，却得出了地球运动的结论，只有那些缺乏虔诚的人才会公开地说出这种话来。一切有善良意志的人都应当接受并顺从上帝所启示的真理。"新旧教会的联合攻击，使得人们只敢运用哥白尼学说的数学方法，而不敢公开赞同、宣传"日心说"的宇宙观念。

不久传来一个消息，使哥白尼感到心痛。

1531年2月19日，埃尔布隆格的路德教信徒们在狂欢节化装舞会上嘲笑了教皇、红衣教主、主教、神父及其他一些神职人员，费贝尔主教在狂欢者行列中看到了影射自己的丑角形象，那是一个穿着主教服装的滑稽可笑的人，在大街上边走边散发用来饶恕堕落和凶杀行为的赎罪卷。行列中还有一个打扮成费龙堡神父模样的人在装腔作势地宣称，他是一位新的星占学家，他定住了太阳，转动了地球。这番表演在聚拢来的闲客中引起阵阵哄笑。然而，这个小小闹剧只不过是哥白尼年老时将要遇到的一系列痛心事的预告而已。此后的许多年中,愚昧人的嘲笑声一直伴随着哥白尼,一些对哥白尼不友好的人,因这位智慧超过他们的人被嘲笑而感到幸灾乐祸。路德教信徒没有能力妨害哥白尼,但天主教的权贵们却能够把哥白尼置于被告席上,并对他进行严厉审判。

令哥白尼最痛心的是反对派对哥白尼感情生活的横加干涉。哥白尼是神父,他一生没有婚姻,但他有刻骨铭心的爱,可这爱最终也被阴谋者所扼杀。

哥白尼深爱的人是他的管家安娜·希林。1525年,美丽的安娜来到哥白尼观测星空的箭楼,此时的哥白尼已是一位老人,安娜也度过了自己的青春年华,但她的美貌依然引人注目。

安娜·希林出身于一个富有家庭,她来为哥白尼当管家并不是出于物质利益的考虑。她崇拜、爱慕哥白尼,哥白尼也喜欢贤淑美丽的安娜。据说,在哥白尼的手稿空白处,经常画着代表安娜家族的常青藤叶。

哥白尼同希林家族有着某种远亲关系。在安娜的照顾下,哥白尼的写作进行得很顺利。然而此时,嫉妒和猜忌哥白尼的宗教裁判官霍兹乌施和新主教丹蒂谢克对此很不满。他们根据费龙堡教士的告密,强迫哥白尼和安娜分离。

在哥白尼家已经度过5年光阴的安娜,不得不暂时和哥白尼分开，丹蒂谢克主教通过他的仆从对哥白尼进行监视，看两人是否还会见面。

哥白尼执行主教的指示，让安娜离开了他，但却一直同安娜保持见面，直至去世。而安娜在哥白尼去世后又在费龙堡住了一段时间才回到家乡格但斯克。

丹蒂谢克不仅提醒哥白尼，还动员哥白尼的朋友——海乌姆诺主教蒂德曼·吉斯和费利克斯·赖希神父对哥白尼做说服工作。费利克斯·赖希对主教做了很巧妙的回答，他表示理解丹蒂谢克要拯救哥白尼灵魂的愿望，赞成主教的立场，但他说，如果直接说给哥白尼的话，那哥白尼有可能会羞愧地自焚。丹蒂谢克在写给蒂德曼·吉斯主教的信中说：

　　……听说杰出的、学识异常渊博的尼古拉·哥白尼博士先生到了阁下那里，我确实像亲兄弟一样地爱他。直到现在，他一直享有很高声誉，驰名遐迩，他的多才多艺令人钦敬，普遍受到赞扬；但在那几乎是无能为力的老年时期，正如人们所说，他同自己的姘妇幽会。阁下如果能用最友善的语言私下提醒他一下，使他停止这种丑事，那可真是阁下的一大善行。如果阁下能使他做到这一点，就算替我做了一件无与伦比的好事，这样我们俩就能重新夺回如此珍贵的兄弟。阁下在同他谈这些事儿的时候千万注意分寸，以便使他更加重视；但同时不使他知道这是我对他的劝告，让他相信这是阁下对他的关心……

心肠很软的吉斯不赞成丹蒂谢克爱管闲事的做法。

哥白尼在执行上司旨意的时候，忍受了巨大的别离之苦，他给上司的答复是恭顺的，然而字里行间却充满了伤感，他在回信中这样写道：

我和大家都尊敬的至圣之父和最仁慈的先生：

我把阁下的告诫看成是父亲般的，甚至超过父亲般的劝导，我在内心深处接受这些告诫。我起码是没有忘记阁下笼统提示的第一个问题，我很想照阁下希望的那样去做，但是想要立即找到有亲缘关系并且正直的女管家是不容易的，所以准备最迟在复活节前解决这个问题。现在为了不使阁下以为我在有意拖延，我把时间限定为一个月，即在圣诞节之前解决。阁下大概也知道，不可能再快了……

同一天，即1538年12月2日，费利克斯·赖希也给丹蒂谢克回了一封信，信中写道：

至于谈到尊敬的尼古拉·哥白尼先生，我赞赏阁下令人钦佩的愿望和那父亲般的提示，我希望这种告诫能够触动他的心扉，这样就无须我再提示了。我担心如果他发觉我知道这件事，他会感到羞愧。阁下谈生意问题的信，我本来是可以读给他听的，如果不是中间穿插了一些话，尤其是我们谈的这件事……

如此尖锐地告诫哥白尼的同时，丹蒂谢克却把自己的女儿嫁人了。

事情并没有就此结束，因为哥白尼虽然让安娜离开了自己的家，但却继续同她幽会。丹蒂谢克为了抚慰哥白尼，请他讲述一些他舅舅——路加斯·瓦兹洛德的事情。哥白尼在给主教回信时顺便提到了他遵照指示解决安娜问题的情况，他这样写道：

我已经执行了我无权也不能轻视的任务，接受了阁下的告诫。至于阁下想了解的事情，即阁下的前任、我的舅舅路加斯·瓦兹洛德活得很久的问题，是的，他活了64岁又5个月，担任主教23年，在1522年3月的倒数第二天去世。他的家族也由此绝迹，这个家族的族徽至今还能在托伦一些古老的建筑物上和许多工厂里见到。

蒂德曼·吉斯曾竭力劝说丹蒂谢克相信，关于安娜和哥白尼关系的传闻是被夸大了的，不足为信。他说：

遵照阁下的愿望，我同尼古拉·哥白尼博士先生进行了严肃的谈话，并跟他把话说明白了。他对那些不怀好意的人又指责他进行幽会感到相当惊讶。再说他当时是毫不迟疑地执行了阁下的指示。他拒绝有关那个人被解雇后又同她见面的指责……

丹蒂谢克作为哥白尼在教会里的上司，不能容忍老神父的浪漫行为，这恐怕有多种原因。

正当哥白尼感到非常苦闷的时候，又出现了一个人，这个人在哥白尼生活的最后年代里成了哥白尼最忠实的学生和朋友，他就是哥白尼一生中唯一的弟子、德意志威丁堡大学的数学教授雷蒂克。

05

划时代的巨著《天球运行论》

尽管哥白尼的晚年生活十分孤独，但他并没有放弃改造天文学理论的决心，他对《天球运行论》的手稿做了进一步的修改。

当时，《浅说》已经在欧洲的学术界引起重视。1533年，教皇的秘书在梵蒂冈花园里向教皇克利门德七世和红衣主教们讲授哥白尼的新学说。

1536年，红衣主教勋保特地从罗马写信给哥白尼，希望他尽快将其学说的全部内容整理出版。

1539年，年轻的日耳曼学者雷蒂克在得知哥白尼的见解后，专程赶到费龙堡来向哥白尼求教。他在费龙堡住了两年，专心研究哥白尼完成的手稿。雷蒂克将《天球运行论》一书的内容写了一个概要，告诉他在威丁堡大学的老师顺内尔。他征得哥白尼的同意后，把取名为《初谈》的概要在1540年发表出来。文中雷蒂克介绍了《天球运行论》的主要论点，强调了这些论点的新颖性，并介绍了《天球运行论》第一部分前四章的内容。

《初谈》的问世成了科学生活中的一个重要事件，引起天文学家、数学家、哲学家和其他人文主义者的巨大兴趣。这本书很快再版，哥白尼迅速闻名遐迩。由于友人的鼓励，加上雷蒂克一再敦促，哥白尼在经过30多年的犹豫不决后，终于决定将这部藏了49年的、大家长久期待的著作——《天球运行论》发表出来。雷蒂克返回威丁堡后不久，哥白尼就托好友基塞把他的手稿转交给雷蒂克到纽伦堡去付印。

在下决心发表《天球运行论》之前，哥白尼一度是胆怯的，他说："我生怕我的学说新颖而不合时宜，会引起别人的轻蔑，因而几乎放弃了我的计划。"

这本书的序言是1542年哥白尼写给教皇保罗三世的一封信：《致最神圣的教皇保罗三世》。信中，哥白尼阐述了自己理论的实质及产生条件。因为哥白尼预见到自己的理论将引起科学革命,所以他寻求教皇庇护,以免自己的学说被指责为异端邪说。

教皇保罗三世在位的时间是1534年至1549年,他曾是著名的人文主义者及科学和文化的庇护人。哥白尼给他写了一封感人的信件,却并没有改变任何状况。

1543年,在经过了一番周折后,《天球运行论》终于在纽伦堡印刷完毕,公开发行。当印刷好的著作送到哥白尼手边的时候,他已经躺在临终的病床上了。他的好友基塞在给雷蒂克的一封信中谈到哥白尼在临终的状况时说:"多日以前,他已经失去了记忆和思考能力,在他过世那一天,快要断气那一小时,才看见他印成的全部作品。"

哥白尼逝世的那一天是1543年7月26日。不久,《天球运行论》这一反对宗教宇宙观的战斗檄文,就在天文学和意识形态的领域里激起了巨大的反响。

哥白尼不仅揭示了地球在宇宙中的真实地位,而且具体地论证了地球本身的运动规律。哥白尼指出,地球本身同时进行着三种运动:第一种运动是地球本身环绕地轴的周日自转运动。由于地球自转是一种从西向东的旋转运动,所以太阳和整个宇宙背景表现为从东向西的旋转运动。第二种运动是地球以太阳为中心的周年公转运动。第三种运动则是地轴本身的回转运动。正是在揭示地球的运动规律的基础上,哥白尼才得以对日心体系进行科学的论证。

哥白尼还真实地揭示了月球的位置，他指出，月球并不是一颗行星，只不过是地球的一颗卫星。他说："地球还有一个侍从——月亮。"

在《天球运行论》中，哥白尼科学地揭示各种天体的序列，建立起了一个完整的以太阳为中心的新的宇宙体系。

哥白尼的"日心说"的成就无疑是主要的，它是近代科学史上诞生的第一个具有重大影响的科学体系，在问世之初就产生了强烈的社会反响。

宇宙的奥秘是无穷的，哥白尼能超越自己的直觉，在一个没有望远镜的年代，感知脚下转动的地球。他以极大的努力和改革的热忱像魔术师那样从一顶"破旧"的帽子里变出了一个崭新的宇宙观，尽管他的理论还有缺陷。

最先敏锐觉察到哥白尼"日心说"理论局限的是哲学家和天文学家布鲁诺，他在积极宣传哥白尼"日心说"的同时，以他的宇宙理论修正了哥白尼"日心说"中的"太阳是宇宙的中心"和"恒星天层是宇宙的边缘"等理论谬误，从而对哥白尼的"日心说"作出了重要发展。

1584年，布鲁诺写成了《论无限、宇宙和世界》《论原因、本原和统一》等重要的自然哲学著作。布鲁诺的宇宙论认为，太阳并不是整个宇宙的中心，只不过是太阳系的中心。

布鲁诺认为，太阳与其他恒星一样，是宇宙中的一颗普通的恒星，且与其他恒星并没什么不同。反之，其他千千万万颗恒星，也是它们各自所在的那个星系的"太阳"。至于地球，只不过是太阳系的一颗普通行星。对于整个宇宙来说，它是一粒微小的尘埃。布鲁诺还由此推测，地球绝不是宇宙中唯一有人居住的星球，在别的星系中，一定有与地球一样有人居住的星球。

哥白尼的"日心说"认为恒星天层是宇宙的边缘，因此，哥白尼的日心体系与托勒密的地心体系一样，实质上还是一种有限论的宇宙体系。而布鲁诺的宇宙论认为，既然宇宙没有中心，那么它也就没有边缘。而一个没有中心和边缘的宇宙，必然是一个无限的宇宙，这就是布鲁诺的宇宙无限论。

布鲁诺宇宙理论的建立，克服了哥白尼"日心说"的理论局限，从而对"日心说"作出重大发展，开创了近代天文学的宇宙论之端，从宇宙学方面为近代天文学的发展提供了一个最初的无限宇宙模型。布鲁诺的宇宙论及其革命意义已经超越了他的时代，在当时，甚至连接受哥白尼"日心说"的天文学家也难以接受他的宇宙论，在宗教中更是引起了震惊。1600年年初，罗马教廷将布鲁诺处以火刑。

和哥白尼一样，开普勒也受到当时在欧洲复兴的毕达哥拉斯学派的影响，力图追求宇宙的数的和谐。

1596年，开普勒发表了他的第一部天文学论著《神秘的宇宙》。在这一著作中，他提出了一个以五个等边立体的外接圆球的套件来说明行星之间数学关系的几何模型。在这个几何模型中，开普勒认为，行星的距离与它所在的天层的天球壳的半径相关，而这些天球壳又与五个等边立体套件内接和外切。这个模型没有也不可能真正揭示出行星轨道之间数的关系，但却集中表现了作为一个毕达哥拉斯主义者的开普勒的科学思想、科学方法和科学追求。

1609年，开普勒出版了一本题为《新天文学》的论著。在这一论著中，开普勒论述了他所发现的行星运动的第一定律和第二定律。行星运动第一定律是：每一行星都沿着椭圆轨道环绕太阳运行，而太阳则处于椭圆的一个焦点上。由于第一定律主要是描述行星环绕太阳的运行轨道，因此行星运动第一定律也称为行星运动的轨道定律。行星运动第二定律是：从太阳到行星所连接的直线在同等时间内扫过同等的面积。行星运动第二定律揭示了行星的线速度不匀速的规律，也称为行星运动的面积定律。

开普勒于1619年在其所著的《世界的和谐》这一新论著中，公布了他发现的行星运动的第三定律：行星公转周期的平方等于它的对日平均距离的立方。第三定律为计算行星运动的轨道和公转周期带来了极大的方便。更重要的是，第三定律揭示了行星向径与公转周期之间的内在联系。因此，第三定律也称为行星运动的周期定律。

行星运动三定律的发现，是对哥白尼"日心说"的重大发展，因为行星运动三定律不仅初步克服了哥白尼学说的历史局限，而且把哥白尼的"日心说"建立在更为完善的数理基础之上。这样，"日心说"就从哥白尼体系发展到开普勒体系这样一个新的发展阶段。

当开普勒宣布发现行星运动奠定"日心说"的数理基础时，在意大利，近代实验科学的伟大奠基者、开普勒的朋友伽利略也以天文望远镜的发明为"日心说"的确立和发展作出了重大贡献。如果说，开普勒对"日心说"的重大贡献在于为"日心说"奠定了实在的数理基础的话，那么伽利略对"日心说"的主要贡献在于为"日心说"奠定了直接的实验基础。

在伽利略的天文望远镜中，人们第一次见到了前所未知的天体奇观。而伽利略的这一系列的杰出天文发现，特别是木星的卫星、金星的位相这些杰出的天文发现，第一次为哥白尼的"日心说"提供了直接的实验证据，而哥白尼的"日心说"也因此第一次在实验观察中得到证实。

在哥白尼即将逝世的时候，凡是主张不合教会思想的人就会受到迫害，其中，便有布鲁诺。到了伽利略的年代，这种不容异己的迫害越来越严重，教廷禁止伽利略继续研究哥白尼的学说，不准他再为日心体系辩护。

伽利略虽然表面上表示服罪，但却悄悄开始他的主要天文学著作《关于托勒密和哥白尼两大世界体系的对话》(以下简称《对话》)的写作。《对话》于 1632 年在佛罗伦萨出版，它是一部巧妙地论证日心体系的科学巨著，是继哥白尼的《天球运行论》和开普勒的《新天文学》之后又一天文学杰作，同时也是继哥白尼的日心体系和开普勒的行星定律之后对基督教神学的又一次沉重打击。1633 年 6 月 22 日，伽利略被判处终身监禁。1642 年伽利略在囚牢里去世，第二年，英国诞生了牛顿。

牛顿的行星运动理论是以哥白尼的理论为基础的。牛顿的理论不只应用于行星的运动，而且能推广到一切天体。因牛顿的理论很快就被人接受，哥白尼的理论亦因此得到人们的承认。

牛顿潜心研究了开普勒的行星运动定律，并从这些定律中得到他所需要的资料。他寻找着引力随距离变化的规律，计算出地球施于月亮的引力就是使月亮在其轨道上运行的力量，而且不需要有其他的力量。牛顿更进一步证明太阳也施同性质的力量于其行星上，使它们在各自的轨道上运行。开普勒凭经验推断行星的轨道是椭圆形，而牛顿却根据他的引力定律，用数学推出了这个结果。可以说，牛顿用引力定律排除了"日心说"发展的一切障碍。

1854年,在哥白尼诞辰400周年的时候,波兰首次在华沙出版了哥白尼的著作,这是历史上的第四次出版。第二次是1566年在瑞士巴塞尔出版的;第三次是1617年在荷兰首都阿姆斯特丹出版的。

哥白尼的观点并不完全都是正确的,他的后继者对他的学说做了许多补充和修改,有如上我们所列举的哥白尼学说的捍卫者、继承者和完善者。但是,哥白尼理论中最重要的部分,经过反复多次研究和观测,仍被证明是正确的。

(刘峰)

延伸阅读:
世界上第一套哥白尼邮票

为了纪念这位伟大的天文学家,世界上许多国家先后发行了近100种邮票。1923年适逢哥白尼诞辰450周年和逝世380周年,他的祖国波兰发行了一套纪念邮票,其中第一枚和第三枚的主图是哥白尼的侧面肖像,这是世界上第一套纪念哥白尼的邮票。根据米歇尔目录东欧卷记载,第一枚该套邮票于7月7日发行，面值1000波兰马克、深蓝色、发行量2000万枚；第三枚于12月3日发行，面值5000波兰马克、洋红色、发行量4500万枚。该套邮票尺寸长32毫米、宽27毫米，齿度为12.5度，面值5000波兰马克的一枚尚有无齿票。

由于该套邮票发行量较大，至今斯科特目录新票标价仅为2美元，但毕竟发行至今已80多年，因此，要想得到这两枚原胶全品相的哥白尼邮票，并非易事。

（摘自：庄东亮，《中国集邮报》。）

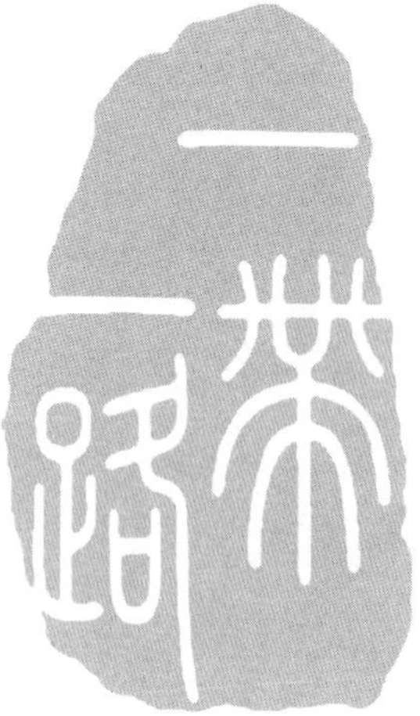
一带一路

浪漫主义钢琴诗人

——肖邦

"一带一路"列国人物传系 · 波兰名人传

弗里德里克·肖邦（Fryderyk Franciszek Chopin，1810—1849年），波兰作曲家、钢琴家，世界最伟大的音乐家之一，被誉为"浪漫主义钢琴诗人"。肖邦出生在波兰首都华沙近郊热亚佐瓦沃拉，从小就表现出非凡的艺术天赋。6岁即开始跟随著名的钢琴教师Wojciech先生学习钢琴。7岁创作出第一首作品B大调和g小调波兰舞曲。8岁在慈善音乐会上，第一次登台演奏阿达尔伯特·吉罗维（Adalbert Gyrowetz）的作品，从此跻身波兰贵族的沙龙。1822年，肖邦师从音乐教育家、作曲家约瑟夫·艾尔斯内尔，一年后公开演奏了德国作曲家费迪南德·里斯的作品。1826年中学毕业后，肖邦在华沙音乐学院继续跟随约瑟夫·艾尔斯内尔学习钢琴演奏和作曲。1829年后，他以作曲家和钢琴家的身份在欧洲巡演，举行多场音乐会。1830年，因波兰起义，肖邦离开故乡移居到法国巴黎，开始以演奏、教学、作曲为生。1848年，肖邦在巴黎举办他的最后一次音乐会，并受邀访问英格兰和苏格兰。1849年10月17日，肖邦因肺结核于巴黎的家中去世。

肖邦的一生处于民族危亡时期，用音乐家舒曼的话形容就是"整个民族正穿着丧服"。在肖邦创作的数百首钢琴曲中，强烈的爱国主义思想成为主旋律，其中既有富于波兰民族特色、旋律优美的圆舞曲、夜曲和玛祖卡舞，也有充满战斗激情的练习曲。灵魂属于波兰、才华属于世界的肖邦，是波兰最耀眼的文化名片，其承载的精神意义也早已超越了音乐范畴。以肖邦的名字命名的国际钢琴比赛是世界上最权威、最严格，也是级别最高的钢琴比赛。

01

一鸣惊人的天才少年

1810年3月1日，肖邦出生于华沙郊区热亚佐瓦沃拉的一个田庄里，其父亲弗雷德里克·弗朗齐舍克·肖邦的原籍是法国，年轻时移居波兰，在华沙一所中学任法语教师。肖邦的母亲出身于波兰一个贵族家庭，爱好文艺，对波兰民族音乐有相当高的造诣。肖邦出生几个月后，因为父亲到华沙中学教法语，他就随着父母移居华沙。

肖邦在很小的时候，母亲就经常给他唱波兰民歌。在褓襁中哭闹的婴儿，每每听到母亲的歌声，就变得专注而安静。受母亲的熏陶，肖邦从小就显露出在音乐方面的兴趣和才华。

肖邦的家虽算不上奢华，但是充满温馨、自由，是一个其乐融融的文艺之家。在肖邦4岁时，家里添了一架钢琴。母亲常常带着肖邦坐在钢琴边，弹奏或欢快或深情的波兰民歌。

有一天，肖邦自己爬到了钢琴上面，模仿母亲的样子，竟断断续续地弹奏起来。虽然音律不太准确，但是这对于一个四五岁的孩子来说，已经是很惊人的表现了。正在隔壁房间商量给孩子找家庭教师的父母听到琴声，惊呆了。

"谁在弹琴，难道是肖邦？"肖邦的父亲简直不敢相信自己的耳朵。

肖邦的母亲惊叫道："是的，是我们的小肖邦！他弹的是《波卡丝》！"

夫妻俩急速地奔向琴房。果不其然，他们的儿子正蹲在凳子上专心致志地弹着钢琴。小肖邦的音乐天赋令父母毫不犹豫地决定：给他请个钢琴教师，开始正规而严格的基本演奏法训练。

肖邦的第一位教师普契尼有点自大，但经验丰富，善于因材施教，是非常称职而优秀的钢琴教师。在他的悉心指导下，肖邦的钢琴水平进步飞快。

肖邦在他7岁那年，创作了自己的第一首作品《G小调波兰舞曲》。并开始在音乐会上演奏。1818年2月25日，《华沙信使报》报道了这位小音乐家演出的消息。报道中提到，在华沙的音乐舞台上，出现了一个脸庞清秀的小男孩，令听众哗然。这位神情严肃的小演奏员把手轻轻放在琴键上，在弹第一个和弦之前，还迅速地扭头向坐在前排的妈妈自信地笑了笑。悠扬的琴声响起来了，很快，大家完全被这位小演奏员的高超技艺征服了，现场爆发出雷鸣般的掌声。

肖邦有着令人瞠目的音乐天赋，但从小体弱多病，所以直到13岁才到学校读书。但在此之前，天资聪颖的他在家里已经学会了很多课本上的知识。有一年夏天，肖邦的父母带着他到乡村去度假，在那里他听到了很多好听的波兰民歌，一下子就喜欢上了这些美妙的民歌。他经常到田野里去听农民们唱歌，夜晚喜欢跟着年轻人围着火堆跳欢快的民间舞蹈，然后把一首首的波兰民歌记录下来。

1826年，16岁的肖邦考上了华沙音乐学院的作曲班，系统的科班学习让他在钢琴演奏和作曲方面得到更大提升。毕业时，老师称他为"音乐天才"。

肖邦18岁时，开始了自己的初恋。他爱慕的姑娘，是华沙音乐学院声乐系的女生康丝丹奇亚·葛拉德柯芙丝卡（Konstanze Gladkowska，也译为康丝坦雅·哥拉德科斯卡）。可是，在恋爱这件事上，天资聪颖、极富艺术才华的英俊少年却并不比其他同龄人更得妙法。他也幻想过各种美妙的邂逅甚至勇敢的表白，但终究没有成行。他悄悄去听她参加演唱的歌剧，任她美妙的歌喉拨动他爱的心弦。当有俄国军官挤向后台向她献殷勤时，他心如刀割。

肖邦开始夜不能寐，茫然无措。此时，这个饱受相思之苦的青年恰如中国的一首古诗词所言："此情无计可消除，才下眉头，却上心头。"

1830年3月，肖邦在写给好友狄都斯的信中说："我很伤感，因为我爱上了一个女孩，坠入了情网。我每夜都梦见她的身影，但还不曾和她交谈过一言半语。在思念她的辗转难眠的夜晚，我写下协奏曲中的慢板乐章。"

这就是著名的肖邦钢琴曲f小调第二钢协协奏曲的甚缓板第二乐章，后来有人把这个无比绮丽的乐章叫作"爱人的画像"。

关于钢琴诗人的这段初恋，除了他自己的书信记录，其他文献资料少有提及。有传言说康丝丹奇亚后来嫁给了别人，但在出嫁后不久就双目失明了。她结婚后就结束了歌唱生涯，一生养育了5个孩子，在79岁时去世。

以今天的眼光猜测，当时的肖邦才华横溢，前途不可限量——不，应该说已经显示出超然卓群的艺术天赋，是个不可多得的青年俊才，加之容貌英俊，绝对是那个时代的宠儿，是无数少女心中仰慕的"男神"。可是，康丝丹奇亚却不为所动，原因到底是什么？有人猜测，这个少女心性朴素纯洁，毫无功利之心，更无攀缘附会之意，正是因为自知双方差距巨大，才不愿成为天才之累，所以选择拒绝，宁愿"把悲伤留给自己"。

还有一种可能,就是年轻的肖邦虽然才华出众,容貌俊美,但他从小身体就羸弱多病,体质不佳,这个从如今留存的照片中可以看出点端倪。而且,在他当时外出时给家人的来信中也多次提及自己的病体:

> 我按时服药丸,每天喝半小瓶草药,从未间断。餐桌上的食物,除了稍许喝一点甜葡萄酒外,其他酒我一概不喝,至于水果,我只吃露丝维卡小姐(他的医师)认可的,而且要真正熟透了的。——我们正以十分焦急的心情等待着父亲的到来,请父亲在布热济纳那为我购买雷斯的《四手联弹钢琴变奏曲》并带给我,我想与捷瓦诺夫斯基夫人一道演奏。此外,也请把药方或药丸带来,我现有的药丸从今天算起只够服27天了。……最依恋你们的儿子弗·弗·肖邦。1824年8月10日于沙法尔尼亚。

那么,对于一个单纯热情、身边不乏优秀追求者的康丝丹奇亚来说,不喜欢这个虽有才华但面色苍白、身体病弱的男孩子,好像也没什么不对。

还有一个说法,在后来肖邦离开波兰前往巴黎前,送行的人群中就有这个女孩。她还写了一首小诗送给肖邦,结尾一句为:"或许会有很多人带给你荣誉,但没有谁能比我更爱你。"这说明在康丝丹奇亚的心中还是爱慕肖邦的，只是有不得已的原因才拒绝了才子。

当然这都是后人的猜测和传言，这段感情的真相如何，早已随着历史埋进尘埃，恐怕除了当事人自己，没人能说得清了。

02

在艺术巅峰中守望乡愁

在华沙音乐学院学习期间，肖邦致力于钢琴、和声学以及作曲理论的研究，其不同凡响的艺术才华更加凸显。

然而，随着肖邦年龄的增长，他越来越感到自己的音乐里缺少什么东西。于是他开始对本民族的历史和文化进行深入的研究和探索。一年秋季，在偏僻的沙法尼亚乡村里，他远眺着美丽的玛佐夫舍大地，那茫茫如海的金色庄稼、绚丽的彩虹、清澈的小溪、茂密的白桦林令人怦然心动，肖邦完全沉醉在大自然的美景之中。这时，从远处飘来悠扬且粗犷的牧歌声，令人心驰神往，激动不已。祖国波兰深邃而美好的民族文化是如此打动人心，令他茅塞顿开，找到了新的灵感，确定了今后的创作方向。从此，肖邦的音乐作品更接近现实，更关注农村生活和底层人民的喜怒哀乐。在华沙的生活，令肖邦受到了民族解放思想和文学浪漫主义的影响，奠定了他作为一位民族主义音乐家的基础。这个时期他创作的最重要的作品是两部钢琴协奏曲：《第二钢琴协奏曲》有质朴优美的马祖卡舞曲风格；《第一钢琴协奏曲》则带有强劲、粗犷的旋律。

1829年，肖邦从音乐学院毕业，在华沙举行了两场新作品音乐会，引起轰动。

1830年11月，由于波兰国内局势动荡，肖邦几经犹豫，在亲友的劝说下，决定前往艺术之都法国巴黎。临行前，他举办了告别演唱会，亲朋好友以及无数音乐爱好者为他送行，但远离故土和亲人的痛苦折磨着他。当朋友把一个装满故乡泥土的袋子送给肖邦时，他无法控制自己的情感，失声痛哭起来。他用颤抖的声音说："我知道，我这次离开华沙，也许再也回不来了，让我跟我的祖国做最后的告别吧。"

马车渐行渐远，送行的人群却迟迟没有散去，为他送行的乐曲和歌声久久地飘荡在华沙的上空。

关于肖邦毅然离开波兰的原因还有一个说法：一次肖邦受邀到市政大厅演奏乐曲，一贯严谨认真的他提前赶到大厅，开始认真练习。这时，忽然门口人头攒动，一大群人簇拥着沙俄皇帝进入大厅。原来，是沙皇听闻肖邦在此演奏，特意前来欣赏。正在聚精会神练习的肖邦一抬头,发现了人群中的沙皇,钢琴声戛然而止。翘首以盼的观众们还没弄明白怎么回事,肖邦已愤然起身,一言不发地走出大厅,扬长而去,留下沙皇和簇拥着他的官员、卫士们目瞪口呆,不知就里。因为不满于沙俄的统治,亦为了防止当局加害,他才不得已听从老师和亲友的劝说,远走他乡。

1830年,肖邦20岁。他走后没几天,即11月29日,波兰爆发了反抗沙俄统治的华沙起义。不幸的是,一年后华沙起义以失败告终,波兰人民再次陷入沙皇的铁腕统治之中,也彻底阻断了肖邦返回祖国的道路,他临行前说的话,不幸一语成谶。

肖邦的一生都处于民族危亡时期,强烈的爱国主义思想、对故乡的无限思恋和亡国之痛成为他创作的主旋律。他创作的取材于波兰田园生活的玛祖卡舞曲是他钢琴创作中最亮丽的篇章。1831年秋天,当肖邦在演出途中听到华沙起义失败的消息时,他难以抑制自己心中的悲愤,快速写出了充满悲怆激情的《革命练习曲》。之后,他又创作了很多哀恸祖国命运、充满爱国热情的战斗性作品,如《第一叙事曲》《b小调谐谑曲》《降A大调波兰舞曲》等,还创作了很多以思乡为主题的夜曲和幻想曲。

在巴黎这个浪漫之都,肖邦的人生掀开了新的一页。在此他结识了许多杰出的艺术家,如李斯特、罗西尼、柏辽兹、梅耶贝尔、雨果、巴尔扎克、乔治·桑、缪塞、大仲马等,就此踏上了新的艺术之旅,但他依然时常陷入孤独和苦闷。一方面,他为结识一大批文艺精英、开阔自己的艺术眼界而欣喜;另一方面,巴黎空气中的铜臭味和蔓延的虚荣之风令他厌烦。

那时的肖邦,被朋友称为"一个孤独得极其彻底的人"。他对故乡亲人的思念、国家危亡的痛苦,以及各种难以言说的复杂情愫,唯有通过音乐语言才能一抒胸襟。

肖邦还善于从生活的细节中捕捉艺术灵感。有一天,他养的一只小猫突然跳到钢琴的键盘上,蹦来蹦去地竟奏出了许多轻快的碎音。这一幕正好被肖邦发现,他将这段旋律用在《F大调圆舞曲》中,因此这支曲子又被称为《猫之圆舞曲》,至今仍受到世界各国钢琴家和音乐爱好者的喜爱。

而肖邦创作的《D大调圆舞曲》,则来源于一只可爱的小狗,它不停地追逐自己的尾巴,非常活泼有趣,引发了钢琴诗人肖邦的创作热情。

随着肖邦在巴黎声名鹊起,他的音乐作品越来越受到音乐家们的关注。虽然人们给予这个伟大的作曲家、钢琴家以盛誉,但这一切都无法慰藉他那满怀亡国之痛的忧郁心灵。

肖邦之所以被后人称为爱国主义音乐家,除了他创作了大量爱国主义题材的音乐作品，还基于一个真实的故事。1837年，俄国驻法大使以沙皇的名义授予肖邦为"俄皇陛下首席钢琴家"，没想到却遭到肖邦的断然拒绝。他以自己的实际行动让世人看到，这颗洋溢着浪漫诗情的心，是如此的勇敢坚强，誓死忠诚于他的祖国母亲。

03
李斯特和肖邦

1831年，初到巴黎的肖邦还不被巴黎的艺术界所了解和认可，处境一度很艰难。为了生计，他甚至不得不放下音乐家的架子去教书。一个偶然的机会，匈牙利钢琴家李斯特听到了肖邦的钢琴演奏，大为惊讶，对这个艺术天才十分喜爱和欣赏。两人一见如故，成为知己，在音乐历史上留下了这两位伟大的音乐家互相倾慕、相互扶持的千古佳话。

当知道肖邦窘迫的生活状态后，李斯特决定以自己的方式帮助这个音乐天才，他不能让肖邦这个人才埋没，他要帮他赢得巴黎的观众。

一天，巴黎剧场的门口人头攒动，著名钢琴大师李斯特的个人演奏会吸引了无数的音乐爱好者。

当剧场的大幕徐徐拉开，身穿黑色燕尾服、风度翩翩的音乐才子李斯特一上台，满场掌声雷动。李斯特谦恭地冲观众席深施一礼，认真地说："为了演出效果，今天我提议，将灯光全部熄灭，让大家把全部精力集中到琴声中，用心去欣赏美好的音乐。"

正当大家为这个奇妙的建议而惊诧时，剧场内的灯突然全部熄灭了，黑暗中，人们屏息静气，准备欣赏李斯特的精彩演奏。

音乐声响起。时而如高山流水，时而如夜莺啼鸣；时而如诉如泣，时而如歌如舞；时而低缓沉郁，时而义愤激昂……

演奏结束后，现场掌声雷动，有人站起来激动地喊着："李斯特！李斯特！伟大的李斯特！我们爱你！"

灯光亮了，当钢琴前的男子站立起来，将右手放在胸前，眼含泪水朝大家鞠躬时，全场一下子鸦雀无声——所有人都傻眼了。因为，舞台上站着的，不是李斯特！

"上帝啊，这个年轻人是谁？我怎么从来没见过？"

"是啊，这么优秀的演奏家是从哪儿冒出来的？"

……

观众席上人们开始窃窃私语。

"我最亲爱的朋友们，请不要诧异，刚才你们无比喜爱并为之喝彩的，不是李斯特，而是——他！这个叫肖邦的年轻人！他才是当今最伟大的钢琴家！对，不仅是在巴黎，也不仅是在法国，而是整个欧洲，我坚信，他即将成为整个欧洲的宠儿！"李斯特走上台，抓住肖邦的手高高地举过头顶。

在片刻的错愕之后，观众们再一次沸腾了，剧场内再次响起雷鸣般的掌声，一束束鲜花狂热地朝台上飞去。坐在前排、身着盛装的伯爵夫人更是难以抑制自己的兴奋和激动，不顾一切地拎起长裙跑到台上，拥吻这个从天而降的音乐才子。

从此，肖邦的演出邀请铺天盖地而来，一时名气大增，经济状况也大为好转。

04

肖邦与乔治·桑

虽说肖邦是多情的才子，但他一生未婚。关于他的爱情故事和情感生活，最有名的当属与法国女作家乔治·桑的交往。

1836年冬天，27岁的肖邦在李斯特的引荐下，第一次走进巴黎金碧辉煌的贵族沙龙。在这个沙龙上，有很多在世界文学史上熠熠生辉的名字，如巴尔扎克、雨果、司汤达、大仲马等，当然还有特立独行、大名鼎鼎的女作家乔治·桑。

肖邦这个异乡人，初来乍到，看着眼前这些气质非凡、觥筹交错的名流大家，自感无趣，只默默地在角落里坐着。宴会上，一个打扮特殊的女人引起了肖邦的注意。在一群"伟大的"男人堆里，她是那么自信而高傲，容貌算不上美丽，却也在李斯特的介绍下，肖邦认识了她——法国著名女作家乔治·桑。

乔治·桑生于1804年，18岁时嫁给卡斯米尔·杜德望。之后，他们的感情生活出现裂痕。特立独行的乔治·桑于1831年来到巴黎，很快结交了一批优秀的音乐家、作家和画家们，与他们相处，畅谈艺术，令她很快忘掉生活的烦恼。她喜欢这里的浪漫气息，当然，还有这里的人。

乔治·桑确实是个与众不同的女性，她蔑视传统、饮烈酒、抽雪茄、爱骑马、喜欢穿男装。肖邦一开始对乔治·桑毫无兴趣。他心中的完美女人，是那个面庞清秀、身材高挑、单纯羞涩的波兰少女——身穿波兰民族盛装、伴随着马祖卡舞曲旋转舞蹈的康丝丹奇亚。

1838年2月，肖邦在法国皇宫演奏了《e小调第一钢琴协奏曲》，引起轰动。而此时，这位浪漫的音乐才子也已经成为女作家乔治·桑的梦中男神。随着两人见面的机会越来越多，肖邦对乔治·桑的看法也有了很大转变，他发现了这个神秘女人身上有太多令他欣赏甚至着迷的地方。她的率性洒脱，不拘一格，她的博学深邃、见解独特，都令肖邦刮目相看。他们之间的话题越来越多，彼此可以尽情倾诉内心最深处的思想和情感，而不必像面对其他异性那样小心翼翼。两个文化名人、两颗特立独行的心渐渐擦出了爱情的火花，瞬间就燃烧成熊熊烈火。为了避开众人的目光和流言，自由自在地在一起，两人决定一起离开巴黎。

此时，乔治·桑的儿子、15岁的莫里斯得了风湿热病，乔治·桑为了儿子的病考虑，提出到气候比较暖和的地方休养，理想的地方就是马霍卡岛。10月底的时候，按照事前约定的时间地点，肖邦和乔治·桑终于在佩皮尼昂会面了，并于11月7日一同登上了马霍卡岛，开始尽情地享受他们梦寐以求的最浪漫、最肆无忌惮的爱情。

马霍卡岛的帕尔马是个美丽而安静的地方。肖邦和乔治·桑的住所虽然没有巴黎的舒适，但是热恋中的男女初尝远离人群的自由，便觉得眼前的一切都是美好。他们尽情地享受着"面朝大海，春暖花开"的喜悦，每天都情意绵绵，夸张地诉说着肉麻的情话，吟诗作赋，谱曲填词，过起了只羡鸳鸯不羡仙的悠闲日子。

不久，肖邦和乔治·桑又搬到艾斯塔布列曼的一个村庄里，那里的生活条件稍微要好一些。

肖邦和乔治·桑常常到附近的田野里散步。有一天，两人不知不觉走了很长时间，肖邦突然感到十分疲惫。在回家的路上，他就有点体力不支了。这时，突然一阵狂风猛烈袭来，吹得肖邦头疼欲裂，回家后就病倒了。这次生病，或许是肖邦生命的一个转折点，因为，从此他的身体每况愈下，再也没有完全康复。

1839年2月，肖邦和乔治·桑离开马霍卡岛，后转搭上了一条法国船。此时，肖邦已经非常憔悴和虚弱，身边认识他的人都很惊讶，因为与数月前刚出发时那个神采飞扬、气质优雅的年轻人相比，简直判若两人。

当肖邦感觉自己的状态稍微好些，他便抓紧进行音乐创作，同时还鼓励乔治·桑阅读波兰文学，他自己亲自翻译密茨凯维支的作品给爱人听。

在此期间，肖邦的音乐成就又上了一个台阶，甚至可以说到达了他艺术生命中的最高点。后人称肖邦的这段日子"鸣唱天鹅之歌"的岁月。

夏天过去了，日渐消瘦的肖邦开始厌倦漂泊，为了方便看病和休养，也因为想念巴黎艺术圈的朋友们，肖邦与乔治·桑回到了巴黎。

肖邦除了音乐创作，有时也授课和参与各种娱乐活动。如各种沙龙派对，观看各种演出，与仰慕他大名并频繁给他写信的少女、贵妇们畅谈人生和理想，分享创作体会。

肖邦1840年全年都留在巴黎，因为当时乔治·桑正在创作《柯西玛》。1841年冬天，肖邦创作了华丽而经典的《F大调波兰舞曲》和《第三号叙事曲》。这年的5月，他又完成了《f小调幻想曲》，这部作品再次展现了肖邦令人震惊的、超凡脱俗的艺术才华。

1842年夏天，肖邦和往年一样，是在诺昂度过的。在那里，肖邦开始喜欢风笛似的贝里民谣，他搜集整理了很多原始资料，并认真地记录。肖邦通常喜欢将他平时搜集的民谣曲调记在乔治·桑的音乐本中，其中有一些音乐作品被乔治·桑用在了她的舞台剧《弃儿弗朗西斯》中。肖邦亦十分喜爱这部剧中的舞曲，这是两个不同领域的艺术天才智慧和灵感的完美融合，又何尝不是一对恩爱恋人的美好见证。

1844年5月，肖邦从友人那儿得知了父亲的死讯。

遥望故土，却有家难回；亲人亡故，却不知坟墓在哪边。那种孤独和痛苦如无数的蚂蟥撕咬着他羸弱的身体，他那因劳累和贫血而苍白的面颊更显消瘦可怜。

此时故乡华沙的形势更加严峻，沙俄在波兰的国土上恣意妄为，民不聊生，反抗沙俄的波兰本土武装部队却因缺少粮食和武器，付出惨痛的代价。

当接到姐姐露德维卡·延德热耶维乔娃的来信，得知水深火热的华沙急需钱款和物资时,肖邦心急如焚。

他要挣钱,挣更多更多的钱,用来支持祖国波兰的反抗斗争。接下来,他不顾羸弱的身体,开始四处奔波演出。但他不顾一切的狂热行为引起乔治·桑的不快。他们之间的矛盾越来越多。加上肖邦和乔治·桑的儿子莫里斯也开始不和,互相看不顺眼。总之各种因素夹杂在一起,让肖邦心乱如麻,在1845年整个夏天他都无法创作。直到秋天,他才打起精神,创作了3首重要的作品:《船歌》《幻想波兰舞曲》《大提琴与钢琴奏鸣曲》。

1846年夏天,肖邦与乔治·桑彻底决裂,导火索是肖邦和莫里斯的一次争吵,而乔治·桑不分青红皂白,坚定地站在了儿子这边。

这次剧烈的争吵后,肖邦和乔治·桑还有过一次见面,那是他们人生中的最后一次碰面,大约在1848年3月。偶然的相遇和客套的寒暄,双方都没有修复彼此伤口的意愿,已经形同陌路。

肖邦死后,人们在他的日记本里发现了乔治·桑的一撮头发。人们就此猜测,特立独行的才女乔治·桑,终究还是肖邦一生中最重要的女人。

对于乔治·桑,人们评价不一。有人说,是这个女人点燃了钢琴诗人的爱情之火,就此激发出他无限的创作热情;

也有人说，正是这个女人独断专横的个性，让肖邦的感情受挫，才加重了他的疾病。无论这段音乐和文学的联姻是否成功，有一个事实是，在他们相爱和共同生活的那9年，是肖邦一生中最辉煌的创作高峰期，与乔治·桑分手之后，肖邦就再也没有写出一部重要作品。

是是非非，恩恩怨怨，缘聚缘散。肖邦和乔治·桑的爱情故事，如世间众多的寻常男女一样，从难以抵御的激情开始，最终走向冷漠和决绝。

与乔治·桑不同的是，肖邦更敏感和动情。即使两人的裂痕难以弥补，但肖邦依然会念及曾经的美好，在生命的最后一刻仍渴望见到这个曾给予自己幸福和灵感的女人，依然视她为自己的灵魂伴侣。而与之相比，乔治·桑就显得过于冷漠和决绝。比如，在肖邦病重的时候，友人致信给乔治·桑，希望她能过来探望。可是，乔治·桑在回信中这样说：

> 现在要我去看望他是完全不可能的，而且我觉得，这样反而会把事情弄糟，我希望他还能活下去，有多少次看起来他似乎要归天了，然而没有，以至我任何时候也不会对他失望。一旦围攻状态结束，如果我能用不着担心遭到迫害和失去自由而到巴黎住上几天，那时他若见我，我一定不会拒绝他。但是我深信，他是不会有这样的愿望的。他的爱情早已消逝，而如果

对我的回忆使他感到痛苦的话，那是因为他多少感到内疚于心。如果有可能让他知道，我对他并无任何怨恨，那么，请给我指点一下向他作这一保证的可能性，但同时又要不使他经受新的痛苦和激动。请您原谅这封长信，但只写三言两语我无法讲清如此微妙的情势……——乔治·桑 1849 年 7 月 19 日于诺罕

也有人认为，这并不复杂也并不微妙。对于一个特立独行的女人，尤其是事业有成、声名显赫的女人来说，与一个不爱了的、即将濒临死亡的男人在公众面前断离，冷酷是冷酷了点，但何尝不是她能为自己做的最大程度的保全。

关于肖邦和乔治·桑的爱情，至今依然流传着各种版本和秘闻。但是，肖邦和乔治·桑的书信告诉我们，在这场旷日持久的爱情保卫战中，伟大的音乐天才肖邦再一次败北。或许这正是上帝的安排，是他太过优秀、太过完美，所以才让他忍受太多的伤痛和别离。

05

魂归故里

虽然肖邦在音乐艺术上达到巅峰，但身体的羸弱和内心

的孤独凄冷时常令他痛苦无比。乔治·桑曾对朋友说,肖邦经常会莫名地哭泣,把自己关在屋子里一整天。亡国之痛、思乡之苦,常常令音乐诗人陷入无比的痛苦之中。正如一名德国诗人所写的那首小诗:"上帝如果爱一个人,就叫他流浪,东跑西奔,溪流、田野、高山和林莽,穹苍下随处可以安身。"在美丽的巴黎,在柔情的塞纳河畔,人们谈论着这位音乐天才的一切,整个城市为他如痴如醉。然而,却无人理解他内心对祖国命运的担忧,"羁旅他乡,凉月伴孤舟,飘零久,愁苦在心头"。

1846年,肖邦的身体状况越来越差,疾病让他在承受肉体上折磨的同时,不得不再忍受心灵的痛苦。但对他打击最大的,还是与乔治·桑的分手。长达9年的爱情无情地结束了,他的情感遭到沉重地伤害和打击。这位才华卓著、忧郁敏感的艺术家陷入了更深的精神危机,他心力交瘁,难以自拔。

同年,肖邦为著名诗人扎雷茨基的诗歌谱写了一首歌曲,歌词和旋律充满了哀伤和绝望:

在异国是多么地空虚无聊,如果,能在梦乡中回到家乡,我们爱啊,我们歌唱,那会是多么幸福!啊!而如今,爱,爱谁呢?唱,又唱给谁听?

这时期,肖邦还创作了慷慨激昂、充满战斗气息的《幻想波罗奈兹舞曲》,以及怀念故乡、充满深情的玛祖卡舞曲。

1848年2月16日,肖邦在巴黎举行了他人生中最后一场音乐会。音乐会的票早早就销售一空,肖邦的艺术家朋友、巴黎所有爱好音乐的人们,包括贵族小姐、伯爵夫人等,都盛装赶赴这场音乐盛会。当时人们还不知道,此时的肖邦,已经病弱到无法行走,需要被人抬到后台。

那天晚上,他忍着病痛,拼尽了自己全部的力气,不负众望地完成了一场极为精彩、近乎完美的演出,如同他风华正茂时演奏的一样扣人心弦,既有浪漫的田园诗意,又有不屈不挠的战斗豪情。当他用尽全身力量弹出最后一个音符,把手指从琴键上移开时,已经大汗淋漓。他努力支撑着,强打精神,慢慢从钢琴旁站起身来,向观众深鞠一躬。他心里知道,音乐会的谢幕,也是他人生谢幕的时刻。突然,掌声四起,像汹涌澎湃的大海波涛一样向肖邦袭来。肖邦只觉眼前一黑,瘫倒在地……

第二天,肖邦的病情就加重了,发烧,气喘,身体极度虚弱,肖邦恐怕命不久矣。而此时,正是1848年大革命风暴席卷欧洲之时。巴黎也燃起了反对暴君、争取自由的熊熊烈火。躺在病床上的肖邦,听到波兰的波兹南地区爆发起义的消息后,抑制不住内心的激动,他感到祖国波兰又有希望了。在巴黎的波兰同胞摩拳擦掌,准备回去为祖国而战。肖邦得知他们的行程后,不顾医生和姐姐露德维卡·延德热耶维乔娃的劝阻，坚持赶到车站为同胞送行。

从车站回来后，由于情绪过于激动，加之奔波劳累，他本已严重的肺病进一步恶化。

10月13日，肖邦在极大的痛苦中接受了圣礼，大声表达了自己对上帝的热爱及尽快与其结合的渴求。人们以为他马上要走了，一波又一波热爱他的人过来和他告别，可是他又坚持了4天。

10月17日晚上，奄奄一息的肖邦睁开眼，眼神中竟流露出夺目的光彩，神情也仿佛没有了痛苦。他紧紧抓住姐姐的手，气若游丝却清晰而坚定地说："我回不去了……我料想他们是不会让我的身体运回去的……亲爱的姐姐，答应我……请一定要把我的心脏带回华沙！"

就在这天晚上，年仅39岁的"钢琴诗人"肖邦离开了人世。遵照肖邦的遗嘱，他的朋友们取出18年前从波兰带来的泥土，用银杯撒在了他的棺木上。肖邦死后，遵照他的遗嘱，外科大夫取出他的心脏，放在一个密闭的、盛有白兰地的罐子内，用蜡油密封起来。姐姐露德维卡·延德热耶维乔娃将罐子隐藏在衣服里，躲过了沿途的检查，历经千难万险，终于将他的心脏带回到故乡——波兰首都华沙。

二战时，纳粹德军以安全为由将肖邦的心脏转移走。二战结束后，为了体现德国对文化的尊重，战败的德军又将肖邦的心脏奉还给波兰人民。1949年10月17日,是肖邦逝世100周年纪念日,就在这天,在庄严的仪式上,肖邦的心脏被迎回华沙古老的圣十字教堂。174年后的今天,这颗年轻的、饱含着对祖国刻骨深情的心脏依然完好地保存在华沙圣十字教堂的一根空心柱子下。旁边悬挂着肖邦的画像,在空心柱子的上面,用波兰文字刻着《圣经》里的一句话:"心之所在,爱之所在(你最珍贵的在什么地方,心脏就安放在什么地方)。"

肖邦虽然离开了人世,但他的心永远在祖国波兰跳动,他伟大而不朽的音乐作品成为珍贵的文化遗产,留给了世界人民。"他的天才同被他承袭的大师们一样广阔、全面和精深。在个性上,他比巴赫更精致,比贝多芬更有力量,比韦伯更富有戏剧性。尽管他集三者于一身,然而他还是他,在表现宏伟壮丽时更朴实无华,在倾诉悲痛时更催人泪下。"著名音乐家李斯特这样评价他的挚友肖邦。

"他收集起洒遍波兰原野的泪珠,造成一颗晶莹的宝石,镶嵌在人类的王冠上……"著名诗人卡·诺尔维德说。

"他的音乐作品具有战斗气质,是'埋藏在花丛中的大炮',面向全世界发出'波兰不会亡'的宣告。"音乐评论家舒曼说。

肖邦生前称自己是"远离母亲的波兰孤儿",他去世后,成为波兰的骄傲，被全世界人民礼赞和景仰。他创作的极具民族性和战斗性的音乐作品，是世界音乐史上最耀眼的星辰，至今依然闪烁在浩渺的天空。

肖邦为后人留下了巨大的音乐宝藏，也留下了高山仰止的精神丰碑。在今天的华沙，随处可见肖邦的印记：肖邦博物馆、肖邦故居、肖邦公园、肖邦机场、肖邦伏特加、肖邦音乐学院……甚至很多公园中的座椅，都被制作成钢琴的模样。

今天，在波兰华沙的瓦津基公园，有一座肖邦的巨大雕像，每天都有络绎不绝的游客和音乐爱好者向这位伟大的钢琴诗人致敬。在这个举世闻名的公园内，还有一条"肖邦足迹"的旅游专线，是世界各地游客的必选项目。

肖邦国际钢琴比赛是世界上最权威、最严格、级别最高的钢琴比赛之一，已有70多年的历史，每5年在华沙举办一次，被誉为音乐界的"奥运会"。它记录了世界钢琴家们的巨大成就，更是20世纪钢琴演奏史不朽传奇的见证。

"音乐诗人"肖邦及其作品在中国也有着广泛的影响力。2017在成都举办的中国音乐产业发展峰会上，成都传媒集团与波兰肖邦文化交流基金会签约，确定2018年在成都启动肖邦音乐博物馆建设，这是"一带一路"倡议和蓉欧合作中文化交流合作的成果之一，是成都发展创意经济、打造"音乐之都"的重要内容。博物馆在成都落地后,热爱音乐的人们可以更深入地了解音乐大师肖邦的生平和作品,还会定期举办肖邦音乐会,让更多市民聆听到肖邦的传世名曲。

肖邦时代虽已过去,但今天仍然为波兰以及世界人民所推崇和热爱。在今天的波兰,每一个造访者都会听到这样一句话:"你可以不认识总统,但你必须认识肖邦。"

(高宏然)

参考资料:
1.《肖邦书信选》。
2. 音乐之家《钢琴诗人肖邦简介》。
3. 林洪亮:《肖邦传》,北京:中国社会科学出版社,2010年版。

延伸阅读:
"肖邦"给申城古典乐带来哪些新灵感

在中山公园大草坪的肖邦纪念雕像前,邂逅古典乐美妙旋律;在尚嘉中心商场,感受古典和爵士跨界的魅力……"城市行板·秋日重奏"2021上海长宁国际草地钢琴音乐节首场线下演出 10 月 23 日在中山公园音乐广场举行，延续经典、浪漫的特质，这次的音乐节再度将古典乐经典送到公园绿地、商场空间，令人"转角就能遇到高雅艺术"。

在波兰华沙皇家瓦津基公园，每年举办露天肖邦音乐会，来自世界各地的音乐家齐聚在肖邦雕塑前演奏，迄今已有逾 60 年历史。2007 年，由波兰肖邦纪念像筹建委员会捐赠的上海肖邦纪念像在中山公园落成。受瓦津基公园音乐节启发，长宁区 2019 年起在中山公园举办草地钢琴音乐节，致力于海内外古典乐的交流与推广，打造申城古典乐新地标。四年来，"到中山公园听肖邦"融入城市生活，成为上海市民享受古典乐的一种方式，也丰富了城市软实力的内涵。

2021 年是浪漫主义钢琴之王李斯特诞辰 210 周年，李斯特与肖邦的友谊是古典音乐史上的一段佳话，当天下午，在金桂飘香的中山公园，以"浪漫的回响"为主题的草地音乐专场拉开了今年音乐节首场线下演出的序幕。波兰青年钢琴演奏家阿历克斯·弗朗茨斯克·考尼茨以一曲肖邦《玛祖卡舞曲》，带领大家进入两位古典音乐巨擘的世界。在上海大学音乐学院院长、教授王勇的导赏主持下，国内多位亦师亦友的演奏家也奉上精彩演出，国家一级作曲家刘念劬与学生杨东瑾以双钢琴即兴创作、演奏经典曲目；上海音乐学院钢琴教授汤蓓华携手学生秦云轶和席盈盈演绎李斯特和肖邦经典作品。

随后,知名乐评人、作曲家田艺苗带来了一场别开生面的"落日漫谈音乐会",围绕古典乐与上海、在肖邦雕像下听肖邦、肖邦的舞曲、肖邦弹性装饰音、肖邦的诗意与中国式审美等话题,在古典乐的天籁之声中穿插着个性十足的解读,吸引着爱乐市民前来,在草坪上穿着T恤牛仔裤听古典乐的轻松画风,也进一步营造了高雅艺术与大自然融合的独特魅力。

"古典音乐在上海有着悠久的历史,一百多年前,中山公园还叫兆丰公园时,就引入了当时欧洲流行的星期天露天音乐会的传统,带来了上海与世界古典乐界的紧密联系。这些音乐会也成为上海古典乐的启蒙,滋养了今日浓厚的古典乐氛围。"兴之所至,田艺苗还在现场弹奏肖邦经典和她创作的曲目,带来轻松又惬意的"古典下午茶"。

除了在中山公园现场聆听,音乐会还同步在"文化云"等多个平台直播,诚邀市民线上线下共享古典乐盛宴。

"在中山公园举办露天音乐会在上海有着悠久历史,与瓦津基公园的肖邦音乐节相呼应,上海长宁国际草地钢琴音乐节的诞生是上海城市软实力的佐证。多年来,'到中山公园听肖邦'日渐形成品牌,并拓展到街区、创意园区以及一系列城市特色地标,进一步普及古典音乐文化,其成长也丰富了城市软实力的内涵。"长宁区文旅局副局长杨怡宁说。

除了李斯特、肖邦，这次音乐节还呈现出圣桑、莫扎特等系列专场，陪伴上海市民度过周末午后的休闲时光。

在致敬经典的同时，主办方还通过古典与爵士、古典与经典电影的跨界融合呈现古典音乐的多元性，在中山公园同步呈现凡尔赛古典市集，带来周边文创、复古收藏等。在上海长宁文化艺术中心还同步举办"钢琴诗人画像"弗里德里克·肖邦资料图片展，帮助市民从更多角度了解古典音乐，获得更加丰富的审美体验。

（摘自：周渊：《与上海市民比邻而居，中山公园的"肖邦"给申城古典乐带来了哪些新灵感》，载《文汇报》，2021年10月23日。）

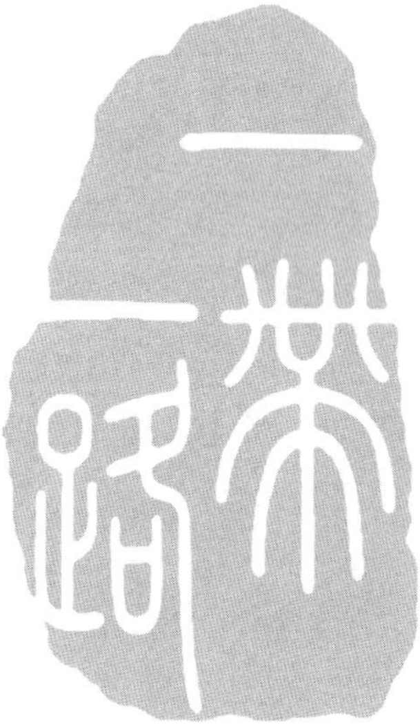
一茶一路

中西文化交流先驱
——卜弥格

"一带一路"列国人物传系 · 波兰名人传

卜弥格，字致远，原名米哈乌·博伊姆（波兰语 Michael Boym，1612—1659 年），波兰科学家、探险家，天主教耶稣会传教士（明末清初来华传教士）。出生于波兰利沃夫一个笃信天主教的贵族家庭，从小就受到了良好的教育。1639年加入耶稣会。由于他擅长数学和生物学，耶稣总会派他前往中国。1642年，卜弥格由里斯本乘船前往澳门，经过三年的海上行程，1645年（弘光元年）抵达越南北圻，旋即去中国海南岛传教。1650年（明永历四年，清顺治七年），前往隔居广西的永历朝廷传教。1651年，卜弥格受永历皇太后之托，携皇太后上罗马教皇书和耶稣会总长书及永历朝廷秉笔太监庞无寿上罗马教皇书，出使罗马，以求得到罗马教廷和欧洲天主教势力对永历朝廷的援助。因教廷的怀疑，直到1655年教皇亚历山大七世才签发了答永历皇太后和庞天寿书，卜弥格得复书后，顾不得回波兰老家省亲，立即启程返华。1658年，卜弥格抵暹罗（中国对现东南亚国家泰国的古称）。但此时永历朝廷已被清军赶到了云南边境。他徘徊于中国边境，于1659年8月殁于广西与交趾的边境。

　　卜弥格是欧洲第一个真正研究马可·波罗的学者，第一位深入中国内陆旅行的欧洲人士，也是欧洲最早确认马可·波罗用过的许多名称的地理学家之一，还是第一个将中国古代的科学和文化成果介绍给西方的欧洲人。他的科学论述是多方面的，涉及中国动植物学、医药学、地图学等。主要著作有《中国地图册》、《中国植物志》（1656年维也纳出版）、《中国医药概说》、《中国诊脉秘法》等。

2016年6月17日，中国国家主席习近平在对波兰共和国进行国事访问前夕，在波兰《共和国报》发表题为《推动中波友谊航船全速前进》的署名文章。文章中写道，"中波两国虽然相距遥远，但彼此交往源远流长"。[1] 并在文中提到了被誉为"波兰的马可·波罗"的卜弥格。

01

立志东方传教，遣欧外交使臣

卜弥格青少年经历鲜为人知，一般认为他于公元1612年（或1614年）出生于波兰利沃夫（今属乌克兰，又有称居住于波兰勒阿波城）一个有名望的笃信天主教的贵族家庭。卜弥格的祖父是波兰国王的秘书，父亲是一名著名医生，担任过波兰国王齐格蒙特三世的御用内科医生。卜弥格的父亲曾在意大利帕多瓦号称"学者的制造厂"的著名大学里完成

---

[1] 《习近平在波兰媒体发表署名文章》，http://www.xinhuanet.com/world/2016-06/17/c_1119065774.htm。

了医学专业的学习,获得哲学和医学博士学位。新时期解剖学的创立者维萨里、自然科学家和天文学家哥白尼等著名人物都曾在这所大学学习。

卜弥格从小就受到了良好的教育。1631年加入天主教会并授予牧师圣职。接下来的12年,卜弥格先后在克拉考、卡利什、雅罗斯瓦夫的几处修道院进行艰苦学习,其后便着手前往东亚旅行。1639年加入耶稣会。1642年,由于他擅长于数学和生物学,耶稣总会认为宜派往中国北京,进入钦天监工作,在对华传教中起到中坚作用。卜弥格的第一站是罗马,在那里他获得了教皇乌尔班八世的祝福后前往葡萄牙首都里斯本。同年,卜弥格与其他9名神父牧师一起乘船由里斯本乘船前往澳门,经过葡萄牙殖民地果阿邦,历经为期3年的海上漂泊后,最终抵达澳门。之后,卜弥格首先在当地一所教会学校教书,开始跟随汉语老师刻苦学习语言,为今后的传教工作做准备。

1645年,卜弥格抵达越南北折,后移居中国海南岛,开始他在中国的传教事业,从此在海南展开了一次小规模的传教活动。1647年满清占领海南,在此期间,岛上和明朝政府有公事往来的耶会使团因此受到攻击,卜弥格也因此被清兵抓走险些殒命,后卜弥格成功越狱,逃至越南东京(今越南河内),后辗转回到澳门。这一经历或许也坚定了他日后辅佐永历政权的决心。

卜弥格来华以后的传教活动和学术活动是在明清鼎革之际动荡的环境中度过的。

卜弥格来华的时间是1645年（清顺治二年），这是中国历史上一个大动荡、大变革的时代。中国内地这片古老而广大的东方土地正经历着动乱，在北京，一个新的封建王朝——清朝刚刚定鼎。在江南，由残明势力支持的福王政权于5月灭亡，鲁王朱以海监国于浙江绍兴，唐王朱聿键称帝于福州，建元隆武，满族八旗铁骑尚未完全征服长江以南地区。在四川，张献忠建立的大西农民政权开始进行抗清斗争。在湖广，明末农民领袖李自成牺牲于湖北通山九宫山以后，其余部仍在这一带活动。面对分裂的格局，清王朝开始了统一全国的民族征服战争。此时，战争使卜弥格无法深入中国内陆，只能辗转海南一带进行传教活动。

1649年年初，南明太后请求当时葡萄牙驻澳门的总督派遣一位西方的传教士，以协助为皇室受洗。1650年（顺治七年，永历四年），清朝已经统治了大半个中国，此时，与传教士多有友好往来的明朝所剩势力只有东南一隅。耶稣会副区长、葡萄牙籍的传教士曾德昭要派遣人前往广西永历朝廷传教，卜弥格因此被选派，来到南明朝廷。这样，卜弥格以外交官名义被派遣至明代最后一位君主永历帝的宫廷内。卜弥格在这里受到了永历帝的友好接待，被授予官职。

永历的统治彼时受到满清势力的巨大威胁，永历帝遂选择在信仰上皈依天主（永历帝信奉天主教，但并未受洗），希冀以此感动西方君主并获取支持。卜弥格之后被永历皇帝选中，将他派往罗马向教皇说明国势处境并争取得到援助。1651 年，卜弥格受永历皇太后之托，随身携带了皇太后上罗马教皇书和耶稣总会会长书及永历朝廷永历内廷大臣庞天寿（此人以 Pang Achilles 之名闻名于基督教世界）上罗马教皇书等撰写的多封书信，收件者为罗马教皇英诺森十世、枢机主教约翰·德·罗格，以及威尼斯公爵和葡萄牙国王。卜弥格受托出使罗马，以求得到罗马教廷和欧洲天主教势力对永历朝廷的援助。与卜弥格同行的是一位叫陈安德的明朝官员，当他们到达果阿邦时获悉，葡萄牙国王已经拒绝了援助南明的请求，因为卜弥格为南明效力对葡萄牙与中国新统治者满清朝廷的关系产生了威胁。天主教新任地方省会长同时认为，教会不应介入中国内部斗争。卜弥格被软禁于居所，之后成功逃脱，他依靠双脚继续自己的旅程，去完成明朝皇帝的付托。他依靠惊人的顽强和毅力，在历经海得拉巴、苏拉特、班达阿巴斯、设拉子之后，终于到达波斯伊斯法罕，之后又穿越埃尔祖鲁姆、特拉布宗、伊兹密尔，于 1652 年到达威尼斯。卜弥格此行横跨了欧亚大陆。

彼时的威尼斯王室正陷入与教廷的纷争，又值全中国已经都在满清朝廷的统治之下，因此卜弥格的出使受到教廷的怀疑，教廷一直回避接见。在极其困难的情况下，卜弥格不忘使命，仍然想方设法去完成南明朝廷的重托，卜弥格遂脱下教袍，改着汉服几次要求接见。他在写给罗马耶稣会总会长的信中写下这样一段感人至深的话："我想使我作为一个使者的事业成为公众的事业，我要回到中国的战场上去，即使付出我的名誉和健康的代价也在所不惜。"

　　威尼斯公爵出于对华事务中立的态度拒绝接见卜弥格。但法国驻威尼斯大使被卜弥格的执着所感动，答应在威尼斯公爵面前为其美言。在法国大使的帮助下，卜弥格终于获准接见并向公爵呈交永历的书信。法国的介入也引起教皇英诺森十世的不快，他担心此举将刺激法国的野心并与教廷产生负面的对立。同时，天主教新任总会长戈斯温·尼克尔(Goswin Nickel)也认为，卜弥格的活动将威胁到在中国的传教活动，甚至世界其他地区教士的安全。期间，罗马教廷召开了三次会议，商讨如何处理卜弥格出使一事。

　　1655年，教廷选举产生新的教皇亚历山大七世，在等待三年之后，卜弥格终于得以受到教皇接见。亚历山大七世站在明王朝的立场并对永历的处境深表关切，但无法提供实质性援助。在致永历帝的回信里，亚历山大七世除向其表示同情并建议他向上帝祈祷外再无新意。但该信却为卜弥格打开新的希望之门，受新任教皇态度的影响，葡萄牙国王若昂四世接见了卜弥格并承诺军事援助南明政权。

1656年3月，卜弥格得复书后，来不及回波兰老家省亲，便自筹盘缠踏上了返回东方的征程。长期的颠沛和旅途的劳累疾病，使原来陪同他的八名神父最后只剩下四名幸存者。卜弥格到达印度果阿邦时获悉，永历帝的处境已愈发艰难。同时，因为担心满清政权不满，葡萄牙地方当局在若昂四世已有明令的情况下仍然拒绝卜弥格前往澳门。但卜弥格不为所动，坚持步行前往。他选择了一条地图上没有标注的小路抵达暹罗首都阿瑜陀耶，后又从阿瑜陀耶的海盗手中买了一条船并抵达越南北部地区。在河内，卜弥格试图通过当地领袖将自己和其他几名幸存的传教士带回中国，可是没有成功。此后他只能与一直陪伴自己往返于欧洲的陈安德返回中国。

1658年（清顺治十五年，永历十二年），历经千辛万苦，卜弥格终于到达广西，此时清朝在中国的统治已基本稳固，永历小朝廷已被清军赶到了云南边境。因为清兵的设卡拦阻，他未能过境进入中国大陆。卜弥格得知中国大陆已全部被清军征服，他徘徊于中国边境，百感交集，此时他因长期劳累患了重病，再也没能回到南明朝廷。1659年6月22日，卜弥格病逝在广西与交趾的边境线上，年仅47岁。陈安德将其安葬后独自一人带着疾风重要信件返回云南向永历帝复命，其安息的坟茔至今不知所踪，令人痛惜。

卜弥格是一名虔诚、执着、勇敢的传教士，他为永历朝廷出使罗马，在中国天主教史上占有重要地位。

02

汉学研究第一，东学西传先驱

卜弥格是第一个将中国古代的科学和文化成果介绍给西方的欧洲人。卜弥格在传教游历中国期间十分勤奋，几乎利用所有时间进行了大量的科学考察，撰写了历史、风土人情和自然状况的著作，他的科学著述是多方面的。对奠定日后盛极一时的欧洲专业汉学，作出了不可磨灭的贡献。

一、编绘《中国地图册》

《中国地图册》是卜弥格保存至今的手稿中的珍贵著作，另有几部他绘制的地图，现一同存于梵蒂冈。这部地图册原是被私人收藏了70年，后来，里亚蒙特格尔（Riamonteger）把它买过来，于1729年交给了梵蒂冈图书馆。1920年，法国著名汉学家伯希和在那里见到后，曾把它加以整理，首先作了一个简短的说明。

二战后国外几位学者对卜弥格的《中国地图册》进行深入的研究，其最值得注意的学术成果的几篇文章，均在当时公诸于众。

关于图册目录介绍。卜弥格的《中国地图册》的说明部分有所有章节的目录，它分以下十章：

第一章：中国人的起源，他们认为什么样的上帝才是造物主？

第二章：中国人认为他们的国土是个什么样子？他们是怎么描绘他们国土的地理位置的？他们对天空、星宿和星星的运行有什么概念？他们根据什么来计算年月？

第三章：古代的丝国和大契丹是不是中国？中国这个名称是怎么来的？

第四章：中国人的起源，他们最早的一些人，他们的皇帝和皇帝的谱系。

（第五章原文遗失）

第六章：介绍中国的幅员、人员、边界上的城墙、沙漠、峡谷、省份、城市、黄河和长江，中国人怎样给土地施肥、收成、贸易、居民的服装、礼仪和品德。

第七章：汉语、书籍，文学发展的水平，高雅的艺术和力学。

第八章：中国的教派，在中国传播过福音的使徒圣托马斯。

第九章：圣方济各·沙勿略、尊敬的利玛窦和其他来华的耶稣会神父。

第十章：讲授福音的情况和对未来的展望。传教士的居住条件、在中国建立的教堂、受洗的人数和皇宫里最重要的受洗。

关于图册的价值。从上文可以看到，目录引用了大量制图和有关中国国土地理位置范围以外的材料。卜弥格带去罗马的这份手稿可堪称关于中国事物的"百科全书"，书中从汉语开始，到有关中国的文化、文明、文学和官方的考试都有专门的论述。他的这个如今已失传的《中国地图册》的说明部分早先曾被那些能够进入罗马耶稣会档案馆的耶稣会教士学习过。

卜弥格的《中国地图册》被称为《中国拉丁地图册》，因为不论它的名称还是其中提到的地名，全都标上了中文和拉丁文两种文字，只有所谓"正文的版面"上标注的才全都是拉丁文。这部地图集有总图、各行省图共18幅，包括一张中国全图、15张当时中国的浙江、福建、四川等行省图、一张海南岛图和一张辽东地图。地名用汉字标注，并附拉丁文注音，图旁注明该地特产，包括各地风景、地理、学术、风俗等，并有帝王、官吏、兵卒的绘像。地图集传往欧洲，成为17世纪西方人了解古老中国的重要窗口，此书现藏于梵蒂冈图书馆。

《中国地图册》介绍了中国将近 400 个金属的矿藏。在其中的第一幅图——中国全图上，卜弥格明确指出，中国那时候有 29 个金矿、63 个银矿、13 个铅矿、29 个锡矿、136 个铁矿、37 个铜矿和 11 个汞矿。其余 17 幅图则分别介绍了这些矿藏所在的 15 个省份，以及两个属省管辖的地区拥有的各种金属矿藏的数量。

卜弥格的《中国地图册》在 17 世纪的欧洲，乃是仅有的一份能够广泛反映中国矿物资源分布情况的资料。在他的地图上，不仅可以了解到中国有哪些金属和矿物、它们分布在哪里，而且以汞矿的分布为例，可以看出这个国家的地质构造是怎样的。如果拿卜弥格的那些中国行省图和金尼阁地图册中相应的地图相比，在人种志、大自然方面与马可·波罗的研究相比，也显示出了卜弥格的优势。

卜弥格的《中国地图册》是彩色绘制的，这在当时是独一无二的。而且因为他懂汉语，在中国长期居住，他绘制的地图比那些没到过中国来的绘图者更加准确，他还对马可·波罗标注的中国地名做了再次考证，改正了一些错误，为后世西方了解中国的地理位置和行政区划提供了可靠的依据。

关于图册的学术评价。卜弥格是 19 世纪一大批马可·波罗研究者的先驱。这些研究家们能够解释《马可·波罗游记》中的几乎每一句话，他们对这部著作的诠释和评论的数量之多，篇幅之大，赶得上这部著作本身了。卜弥格也是欧洲最早确认马可·波罗用过的许多名称的地理学家之一，这种确认说明了马可·波罗提到过的那些地方、河流和山脉在卜弥格那个时代的中文名称是什么。由于卜弥格的大部分手稿都没有发表，所以许多同时期的相关学者便乘机加以参考和利用，这也说明了他作为一名马可·波罗诠释者的重要地位。

关于卜弥格的《中国地图册》在西方汉学史上的一大重要贡献就是他用经纬度绘制了中国地图。在卜弥格前后，也有欧洲人绘制过中国地图，其中最有名气的莫过于卫匡国。他和卫匡国同属于17世纪，但是1655年卫匡国的地图集在西方正式出版了，而可惜的是卜弥格的地图集一直深藏在梵蒂冈图书馆，长期未得到世人的重视。

卜弥格《中国地图册》有几个突出优点：其一，地名非常详细，甚至包括了县级地名；其二，他绘制了彩色插图，配有大量中国动植物及皇帝会见大臣等人物场景，形象生动；其三，他在每幅行省地图上都标注了当地的矿产资源。

二、编写《中国植物志》

在中国植物知识的西传上，卜弥格是开拓者。无论是从来华传教士汉学的角度，还是从欧洲对中国植物认识史的角度，卜弥格都是成绩卓著的。卜弥格的拉丁文著作《中国植物志》于1656年在维也纳出版，这是卜弥格生前唯一出版过的著作。此书收录中国名花和珍奇动物若干种，标有中国名称，并附有23幅插图，受到欧洲读者的极大欢迎。1664年，他又发表了该书的法文译本，名为《耶稣会士卜弥格神父写的一篇论特别是来自中国的花、水果、植物和个别动物的论文》。

瑞典植物学家林奈在晚于1753年发表的《植物志》中，提到的中国植物名称只有37种，而卜弥格凭一己之力在近100年前就已经记载了21种中国或亚洲的植物，这说明他的研究是多么超前。

书中对他所了解的、主要生长在中国南方和南亚一带的椰子、槟榔、芭蕉、腰果、荔枝；野鸡、松鼠、豹、绿毛龟、海马等31种动植物的特性和产地进行了详细介绍。卜弥格充分发挥了他的绘画才能，为每一种植物和动物都同时绘制了彩图，卜弥格所绘制的插图很准确，给我们今天留下了宝贵的资料。例如介绍大黄时，先是一副图解，然后是长篇文字介绍了大黄的植物特点和加工过程。由于当时大黄是欧洲急需进口的中药材，卜弥格的介绍大大促进了欧洲对大黄的认识。

正是因为卜弥格介绍植物并非为了植物资源的调研，其《中国植物志》中所介绍的植物和动物多有其药效的讲解，他的这一系统论述可说是开辟了当时药用植物学的崭新领域。

他的《中国植物志》是欧洲发表的第一部论述远东和东南亚大自然动植物的著作。它对中国植物和动物的介绍和其中的插图，是欧洲近100年内人们所知道的关于中国动植物的唯一资料。

后来一些热衷于编撰普及读物的人曾多次翻印过它，还有一些到过中国也了解中国的学者也采用过这份资料。

三、编著《中国医药概说》和《中国诊脉秘法》

卜弥格曾在故乡担任过王室御医，对医药学颇有研究，因此在以深厚的西学理论来探讨中国的传统医学方面颇有建树。其著作《中国医药概说》（又译成《中医处方大全》），收录中药若干种，并附木版、铜版插图，而且它的内容涉及面很广。此书现藏于法国巴黎国立图书馆。卜弥格在书中讲解中国的草药和中药处方，使欧洲人对中医学的医理、脉理，以及本草学知识有了更深入的了解，被称为"传播《本草纲目》第一西人"。

在卜弥格所著的《中医处方大全》第一部分《对作者王叔和脉诊医病的说明》中，卜弥格列举的复合药有72种；在《中医处方大全》第二部分《单味药》中，卜弥格列举的单味药更多达289种。他对每种药的药性和服法都进行了说明，向西方介绍了中药的归经理论、炮制方法、畏反理论，以及临床用药注意事项，体现了当时本草知识的发展水平。

卜弥格还编著了一部《中国诊脉秘法》（又译名《医学的钥匙》），书中介绍了魏晋时期著名医学家王叔和的《脉经》，以及中国医学看舌苔的察病方式，曾引起欧洲文化界的注意，后被译为欧洲多种文字刊行，此书现藏于大英博物馆。

卜弥格出生在医生世家，他的父亲曾担任过波兰国王的御医，他本人也读过不少西方医学的重要著作，因此，卜弥格来中国后对中国医学非常感兴趣。他的助手陈安德，虽然具体身份不明，但是有各种资料表明他是有中医背景的人。可以说卜弥格对中学西传的最大贡献就是对中医和中药的研究。他是欧洲第一位对中国医学进行深入研究的人，但是这个荣誉到很晚的时候才被欧洲学术界承认。

卜弥格还是第一个向西方介绍《黄帝内经》《脉经》的人，撰写的中医学术著作《耶稣会在中国的传教士卜弥格认识中国脉诊理论的一把医学的钥匙》，开启了西方人对中医的研究，推动了中草药的西传。《黄帝内经》和西晋医学家王叔和的《脉经》这两部中医典籍，是卜弥格对中医研究的重点。1658年他在《医学的钥匙》一书的前言中写道：

> 现在，我向你们，最有名的先生们和整个欧洲提供一部著作的纲要，这部著作是世界上最遥远的一个地区的一个最年长和最令人尊敬的医生的。你们应该知道，他是生活在比阿维森拉、希波克拉底、盖仑

和塞尔苏斯要早许多世纪的一个地方的一位很有能力和高贵的皇帝。根据文献记载，他生活在洪汜前大约400年，在基督诞生前2697年他就开始统治那个地方了。

在卜弥格的《一篇论脉的文章》中，他不仅介绍了15种脉相，还介绍了中医望诊切脉的方法。"中国人并不是按顺序看脉，而是在同时诊三次脉：首先用手指轻轻地按一下诊面上的脉。在诊断中间的脉时，把手指稍微按重一点。下面的区域是基础或根，要使劲地按，按到神经和骨头上。"

卜弥格不仅对中医著作进行翻译和介绍，还凭借自己的医学知识和兴趣，对中医展开研究。在他所写的《医学的钥匙》著作中，他根据自己的理解将中国医学的主要内容做了一个梳理和研究，从宏观到微观，逐步展开、层层深入，并且做了创造性的发挥，他绘制了不少望脉、舌诊和针灸穴位的图解，这些图解即便在中国也是十分珍贵的。

在《医学的钥匙》一文的第十五章，他写道："现在我们来研究一下诊断不正常的脉的问题：如果脉搏动一次，要中止一次（这是说歇一下），这说明病人第二天会死去。如果脉搏动两次后，要停一下或者中止一下，这说明病人第三天会死去。而在《脉经》第四卷中记载："脉一动一止，二日死。二动一止，三日死。"如此具体准确地描述令人叹为观止！

在从罗马返回中国的途中，卜弥格已经完成了中医研究的手稿，但最终他无法进入清军统治下的中国，于是他把中医著作的手稿交给了与他一同返回中国的耶稣会士柏应理，请他设法把这些手稿带回欧洲去出版。但之后，卜弥格的中医研究成果被长期湮没，并遭到他人剽窃后发表。

卜弥格对中医的西传贡献巨大，正是卜弥格的中医著作奠定了他在中学西传中的重要地位。"著名德国东方学家阿塔纳修斯·基歇尔、18 世纪德国历史学家和东方学家戈特利布·拜尔、法国汉学家雷慕莎等人，都宣传过卜弥格对中医的研究，他们自己对汉学和中医的研究也都受到过卜弥格的影响。今天，我们看到中医已经走向世界，在国外越来越普及，给很多国家人民的健康带来了福祉，我们不能忘记这位将中医西传的伟大先驱的无量功德。

卜弥格的功绩不光集中在对中医、中国植物和中国地图西传方面的研究，他对中国社会也很感兴趣。通过认真的考察，卜弥格的研究也涉及中国的各种习俗和文化，包括中国封建社会的政治制度，以及中国传统文化的代表——孔子，甚至中国的"城隍神庙"这种民间信仰，这些反映在其著作中表现为广阔的涉及面。如在其辑录的《中华帝国简录》中，他介绍了当时明代的税收制度，对中国朝廷的君臣礼仪和君臣的不同服饰也进行了详细的解说，并向西方人科普了中国城市建筑及交通等。

如卜弥格这样描述中国的皇家宫殿：

> 中国的宫殿都很大，很宏伟，它们的建筑形式也不一样。其宽大的面积和雄伟的气势都胜过了欧洲的宫殿，但它们没有欧洲的宫殿那么精美的装饰。

如卜弥格对中国物产的印象：

> 丝绸：如果说丝织和养蚕在世界的东方，那么，除了中国没有第二个国家能够掌握这种工艺。他们有许多质地最好的丝绸，在我看来，在全世界，没有一个有钱人不穿这种柔软的布料，它也大量地出口到了其他国家。据统计，中国的织造作坊每年要给朝廷的国库输送 200 万担这种细软的丝绸。

> 瓷器：江西省有一种花瓶，中国人叫瓷器，只有一个地方生产，它就是饶州府（今景德镇），那里有生产它需要的一种白色的泥土，还有一些别的原料。如果没有它和那些必不可少的贵重的原料，绝不可能造出这么漂亮精美的瓷花瓶。

> 燕窝：还有一种在中国和它的一些附属国可以见到的东西，这就是燕窝，这是一种非常有名和非常珍贵的补品。一磅这样的燕窝通常是同等重量银价的 3 倍或者更多，它能医治体弱和相关病者。

所有这一切对中国文化西传都有重大意义，对中国人重新审视自己的历史也有重要的参考价值。但是令人惋惜的是，他的这些贡献，作为后代的中国人和波兰人都知之甚少。

03

学术评价极高，影响深远巨大

作为一名旅行家和渊博的学者，卜弥格在他的一生中不仅到过中国，而且也曾多次到过非洲、印度和东南亚各国，通过对这些地方长时期的考察和研究，他撰写了大量有关这些国家，特别是中国古代的动植物、矿物、医学、历史、地理、人种学、哲学、语言学和人民生活习俗等具有很高科学价值的著作。虽然这些著作在他生前和身后很少得到出版，也有不少散佚，有的甚至遭人剽窃、篡改或者冒名顶替地发表，使得他在中西文化交流史上所作的贡献鲜为人知，但是它们仍对后世产生了深远的影响，卜弥格也因此被誉为"波兰的马可·波罗"。

400 年前的这位身兼波兰传教士与汉学家双重身份的卜弥格，在今天名气虽然远不及早期的意大利人马可·波罗，但他的成就一点也不输同时代的外国汉学家。他是第一个将中国古代的科学和文化成果系统地介绍给西方的欧洲人，但由于种种原因他的作品一直没能得到后人的真正认识。

海外汉学研究学者在高度评价卜弥格的历史功绩时讲道：

> 卜弥格有两个方面的特别重要的地位和价值。第一，他和中国的历史密切相关。他是我们研究南明王朝的主要三个传教士之一。第二，他对欧洲史的重要性。他是传教士汉学和专业汉学的连接点。由他起始的欧洲早期汉学完成了从传教士汉学到专业汉学的转变。

波兰驻华大使霍米茨基曾说：

> 卜弥格这个人物不仅对波中关系很重要，同时也在欧中关系上发挥着重要的作用。今天，我们身处在中国这片广袤的土地上，波兰驻华使馆的主要作用和几百年前卜弥格来到中国的目的是一样的，那就是了解彼此的文化，促进彼此的交流，增进彼此的友谊。

卜弥格是第一个将中国古代的科学和文化成果系统地介绍给西方的欧洲人，但是他的重要贡献长期以来在中国和波兰却都不被人们熟知。在他47岁短暂的一生中，卜弥格对中国的医药、动植物、地理环境、语言文字、文化习俗等都进行了深入的研究。

卜弥格以其坚毅的精神，跨越东西方的茫茫大海，为宗教来到中国、为南明朝廷出使西方。今天我们要衷心地对卜弥格表达两点敬佩，一是卜弥格悲壮的历史，为中国献出生命。他对中国特别热爱，忠心耿耿。用他的生命在完成（中国皇帝交给他的）使命。在卜弥格的有生之年，他先后两次往来中国与欧洲之间，穿越十几个国家，有的路程还很危险。卜弥格乘船来一趟中国就要好几个月的时间，而且并不是每个人都能在航行中生存下来，所以这需要极大的勇气和毅力。卜弥格在极其困难的情况下，也没有忘记他所热爱的中国。在一封信中他十分恳切地说："我要回到中国的战场上去，即使付出名誉和健康的代价也在所不惜。"最后，他付出了更高的代价——生命。二是卜弥格的科学成就。他研究对象比马可·波罗要广泛、深入得多。在所有西方古代传教士里，在研究中国文明方面，没有一个比得上他。卜弥格和利玛窦等西方传教士不一样的是，那些传教士是把西方的东西传给我们，叫"西学东渐"，而他是把中国的东西传给欧洲，叫"东学西传"。尤其是他在中医方面的研究特别多，对后来外国人了解和研究中医起了很大的作用。

现在人们对有关卜弥格事迹的了解还不多，大多人关注他受命作为使臣代表南明出使欧洲求救，他最重要的成就是介绍中国古代文明给西方。近年来国内外关于卜弥格的认识在逐渐加深。2014年9月，波兰的格但斯科大学出版社出版了《中国的使臣：卜弥格》一书的英文版，相信这会进一步提高卜弥格在西方的影响力。

2012年，在卜弥格诞辰400周年之际，中国出版社翻译出版了77万字的《卜弥格文集》，这部著作是先由卡伊丹斯基将他收集到的所有卜弥格著作从拉丁文原著翻成波兰文，再由中国社科院研究员、著名波兰语翻译家张振辉教授转译成中文。此外，还有中国海外汉学研究专家、北京外国语大学海外汉学研究中心主任张西平教授从英文直接转译过来的关于卜弥格研究大秦景教碑的内容。这部文集是目前在全世界能够收集到的所有卜弥格著作的汇总，而且是在中国和全世界的首次出版。

虽然卜弥格已经离开我们将近400年了，但是他为中国和波兰两国友好、为中西文化交流和中学西传的研究留下的物质和精神遗产却是永恒的。如今，研究卜弥格的中外学者通过展览和书籍将这位波兰的中欧文化交流先驱的事迹展示在世界面前。

中国国家主席习近平提出的"一带一路"倡议开启了东西方之间交流互鉴、协同发展的新模式，而17世纪来华的波兰耶稣会士卜弥格就是中西方之间交流的重要纽带，就是中波两国在历史上人与人之间交流的最好例证。

通过对卜弥格的了解和研究，让我们认识到对中国史的认知必须在全球化视野下展开。把中国放在世界当中，才能了解中国与世界在整个全球化的互动当中所获得的进步。事实上，东西方在数千年来的发展史中一直是相互融合、相互发展的伙伴关系，在全球化的每一个阶段中也都伴随着西学东渐和东学西传，你中有我，我中有你，中国文化和西方文化都拥有其各自的价值。除了直接交流外，没有一种更好的方式能够了解其他国家的文化。这点在过去很重要，在今天依然重要，这使得越来越多的人意识到跨文化交流的重要性。同时，在全球化进程中，随着中国国际地位的提高，任何一个国家最早和中国交流的先驱者都应该是他们国家值得纪念和尊敬的人。

（刘桂生）

参考资料：

1. 张振辉：《卜弥格与明清之际中学的西传》，载《中国史研究》，2011年第03期，第183—202页。

2. 《卜弥格——波兰马克·波罗》。

延伸阅读：

17 世纪绘画中国的波兰人

作者：何裕华

因为有卜弥格，欧洲人很早就了解包括广州在内的中国南方的动植物与人文生活了。

2014 年 6 月 8 日，"中欧交流使者——卜弥格的文化遗产"展览分别在广州图书馆、逵园展出。该展通过波兰著名汉学家、88 岁高龄的爱德华·卡伊丹斯基之手，展示了他对波兰科学家卜弥格 30 多年的研究及对他作品的重新绘制，再现了可追溯至 17 世纪的关于中国和波兰两国之间的早期直接交流的活动与作品。这在中国与波兰建交 65 周年之际，更别具意义。

来自波兰的卜弥格是 17 世纪到中国的其中一名外国探险家，跟很多外国科学家、旅行者、传教士一样，他向西方介绍自己在中国的见闻，让欧洲人更好地了解中国的情况。

而且，他的作品涉及范围广，描述了中国的植物群、动物群、历史、传统、科学、发明和风俗，还记载了中国的政治体制。更有趣的是，他以图集的形式，结合中国大陆各省份的地理概况与风俗、特产，绘制出与别人不同的史料。

在南明最后一个统治者永历皇帝统治期间，卜弥格生活和工作于海南岛和广州。1648年，卜弥格受入教的皇太后私遣前往欧洲，向罗马教皇争取西方天主教支持南明政权。但卜弥格的努力未获得任何结果。

1656年3月，卜弥格再度离开欧洲，启程返回中国。不幸的是，还未抵达皇宫，他便于1659年6月22日在广西去世。在晚明，相对于很多背离明朝的文臣武将，一往无前为永历朝廷奔波效死的波兰人卜弥格，显得十分特别。

而波兰汉学家爱德华·卡伊丹斯基的重绘，则展现了一位波兰汉学家对另一位波兰汉学家的致敬和纪念。长期以来，他以卜弥格为研究对象。他认为，西方传教士都是出色的天文学家和数学家，可是对于中国的医学和自然地理，除了卜弥格外，都所知甚少。所以，在以上方面的中学西传，卜弥格不仅是第一人，而且很长时期内在欧洲几乎是独一无二的。

波兰驻广州总领事表示，卜弥格最著名的作品是《中国植物志》一书，也是在欧洲出版的、第一部描述中国生态系统的书籍。其作品的科学价值、完美的艺术性，更好地促进大家对两国文化和传统的共同理解，并能更好地了解中波目前的合作关系。

广州图书馆负一层展览厅展出卜弥格的生平与著述，主要展示可追溯至 17 世纪的波兰和中国两国之间的早期直接交流、卜弥格的活动与作品。

（摘自：何裕华，《羊城晚报》，2014 年 6 月 13 日。）

波兰语言大师

——显克维支

"一带一路"列国人物传系 · 波兰名人传

亨利克·显克维支(1846—1916年)是波兰19世纪批判现实主义作家，1905年的诺贝尔文学奖获得者，得奖评语是："他作为一个历史小说家的显著功绩和对史诗般叙事艺术的杰出贡献。"

显克维支的作品再版次数和印数均居波兰作家之首，先后被译成40余种文字。在英国、法国等很多国家都曾掀起过"显克维支热"，在中国他的铁杆粉丝也很多。中国著名作家、诺贝尔文学奖获得者莫言曾说，在他的写作生涯中，受过一些诺贝尔文学奖作家的影响，其中排在第一位的就是亨利克·显克维支。

显克维支的文学成就巍峨高大，浩瀚广阔。他擅长强烈的总体效果和带有相对独立性插曲的史诗风格，尤其擅长朴素而引人注目的隐喻。他的作品人物性格鲜明，情节引人入胜，语言优美流畅，深受群众欢迎，素有"波兰语言大师"之称。

01
学生时代

显克维支的祖先原本居住在立陶宛，世世代代都是驰骋沙场的军人。后来显克维支家族从立陶宛迁到了拉多姆地区，靠租种大地主的土地为生，但大多也都参过军、上过战场，他的祖父约瑟夫曾投身于18世纪的爱国斗争，参加过1794年的起义和波兰志愿军团，他的父亲约瑟夫与祖父同名，参加过1830年的民族大起义。显克维支的家庭是一个爱国的具有反抗外来侵略的斗争传统的家庭。他的母亲斯特法尼亚·捷奇索夫斯卡则出生于波兰大贵族家庭，捷奇索夫斯基家族声名显赫、根深叶茂，与许多波兰大贵族都有姻亲关系。

显克维支的父亲和母亲于1843年结婚，次年，便生下了长子卡其密什，相隔两年之后，又生下了次子显克维支，随后是四个女儿阿涅拉、海仑娜、佐菲亚和马丽亚相继来到世上，但第四个女儿生下不久便夭亡了。虽然显克维支童年时代留下的资料极少，但他受洗礼的文件依然保存在当地的教堂里，据这份文件记载，显克维支于1846年5月5日生于沃奥克热伊的外婆家，5月受洗礼时取名为亨利克·亚当·亚历山大·庇乌斯，他通常只用"亨利克"这个名字。他的舅父亚当和舅母约瑟芬·捷奇索夫斯基夫妇成了他的教父母。格拉博维茨庄园是显克维支父母结婚后租住的，这是一座环境非常优美的庄园，显克维支在这里度过了无忧无虑、快乐幸福的童年。

一天，显克维支两兄弟爬上阁楼，从一堆杂物中，翻出了几本旧书，刚学会认字的显克维支非常兴奋，他对于书和文字有一种天然的喜爱，不似其他小孩那样因为看不懂而感到枯燥无味。在母亲的辅导下，他开始了阅读，并由此走进了文学的奇妙世界。他读的第一部作品是波兰作家聂姆策维奇的《历史之歌》。聂姆策维奇是波兰著名爱国诗人，也是波兰第一部政治喜剧的作者，他一生献身于波兰民族解放事业，取得卓著成果。他的《历史之歌》由12首诗歌组成，热情讴歌了波兰历史上著名的人物和英雄。在19世纪上半叶的波兰，《历史之歌》影响力非常大，可谓家喻户晓。据显克维支后来回忆，读了《历史之歌》后，他当时就想，等长大后要像先辈那样，成为一个奋勇杀敌的勇士，策马扬鞭，驰骋沙场！

显克维支读的第二部作品是《鲁滨逊漂流记》，这部作品让显克维支张开了想象的翅膀，幻想自己也到一个人迹罕至的荒岛上生活，这种童年感受，让他对旅游充满渴望。

显克维支童年读过的第三本书是绘有插图的《拿破仑传》。他曾在一篇回忆文章中说："从我读完《拿破仑传》的那一刻起，我就想让自己成为一位伟大的领袖，这种愿望不仅存在于我的整个童年时代，也持续到我的青年时代。我当时认为，只有在战场上才能获得真正的荣誉。于是我就想，将来一定要进军事学校学习！"

童年的幻想是变化不定的，然而想当一位反抗外族侵略的勇士，或者成为一个南征北战所向披靡的将领，大概只有生活在亡国的、波兰的孩子才会有。尽管后来显克维支并没有参过军，但他一生写出了许多描写反抗外来侵略、英勇杀敌的历史小说，塑造了许多叱咤风云的英雄人物。必须要提及的是，他的母亲对他后来走上文学创作的道路也起到了很重要的作用。尽管她的本意并不想让自己的儿子成为一个没有生活保障的作家。显克维支在1900年接受记者采访时说道："说到我对文学的兴趣，也许是从我母亲那里继承下来的，母亲写诗，不过她的诗是写在纪念册上的，缺乏深刻的艺术价值，但不管怎么说我的母亲出自一个文学家庭。"

显克维支的整个童年都是在农村度过的，这让他对农民的生活和农民的语言非常熟悉，农村风景优美，气候宜人，特别是在显克维支生长的波德拉斯地区，其处于平原与山区接壤处，山上森林密布，山下溪水潺潺。然而，19世纪的波兰农村并不是世外桃源，农民受到民族奴役和阶级剥削的双重压迫，特别是波兰东部的农村更加落后，这里在沙俄的统治下，农民贫穷，日子艰难，但民风淳朴。显克维支耳闻目睹农村的落后，农民的苦难，对农民抱有深切的同情，所有这一切对他后来的文学创作具有重大的影响。

1855年显克维支的外祖母逝世，母亲从娘家分得了一份遗产，显克维支的父母便用这笔钱在文齐茨村购置了一处田庄，举家搬了过来。显克维支的父亲约瑟夫是个志大才疏的人，由于田庄经营不善，家里孩子又多，生活水平每况愈下，但他们还是很重视孩子们的教育，尤其是显克维支，他天资聪颖，在10岁的时候便尝试着写诗，作文更是常常受到老师的夸奖，表现出了与众不同的文学天赋。

1858年显克维支结束了小学的学习，在三姨和四姨的陪送下来到了华沙，进了华沙的实科中学。他的两位阿姨都是修道院的修女。显克维支初到华沙，得到她们的照顾和监护，他住在华沙老城的一所公寓里。来自偏远农村的显克维支刚到大城市，那些文艺复兴时期的古老建筑、华沙最大的圣约翰教堂、金碧辉煌的王宫，以及大街上屹立着许多波兰伟人的纪念碑和纪念像，还有波兰最杰出的天文学家哥白尼纪念碑……令他眼界大开，叹为观止，心中涌起对波兰辉煌历史的无限向往。华沙虽然不是显克维支的出生地，但他却看一眼就深深地爱上了这座美丽的城市。后来他喜欢到处游历，但他最爱的、长达50多年居住的地方依然是华沙，直到第一次世界大战爆发。

显克维支于1862年转入华沙第二中学，1864年又转到华沙第四中学。1861年暑假显克维支又回到了文齐茨家里，可是这一次迎接他的却不是欢乐，而是悲恸和忧虑：他的远亲，著名的波兰民族解放运动领袖列列维尔因穷困潦倒，凄惨地死在瑞士。

此时，显克维支家的田庄也因为经营不善难以维持日常生计。于是全家人商议后，决定将文齐茨的田庄卖掉，到华沙另谋发展。

显克维支一家来到华沙之后便在新世界大街租了一套不大的房子，一家八口人住进去，非常拥挤。

1861年秋，华沙的民族解放斗争由秘密转向公开，以革命民主主义者为领导的红党正式成立，开始发动群众，做武装起义的准备工作，自此华沙的革命浪潮风起云涌，沙俄统治当局颁布了种种限制集会和游行的条律、法令，大肆逮捕革命者和嫌疑分子，同时把军队调进华沙市中心，布防在萨克森广场上。

这一时期，显克维支作为一名中学生，虽然没有参加革命活动，但他心里却萌发了上军校、进而投笔从戎的念头。遗憾的是，在长期受到外国奴役的波兰，除了为占领军培养"奴才"的军校外，哪里有真正属于波兰的军校呢！

1863年1月22日，华沙爆发了声势浩大的武装起义，波兰很多地区的民众相继揭竿而起，反抗沙俄的统治。

时年17岁的显克维支虽然没有亲身投入到起义的行列中，但这场轰轰烈烈的爱国武装起义还是给他留下了深刻的印象，他对于沙俄占领军的血腥屠杀和残酷迫害有了切身的体验。他的表兄等许多亲友都在斗争中牺牲了。他的哥哥卡其密什在起义失败后不得不逃到国外，后来参加了法国的巴黎公社起义，并在斗争中牺牲。

他后来能写出一系列波澜壮阔、充满爱国情怀的小说，无疑与他这段时期耳闻目睹的经历密切相关。

1865年，显克维支在中学读完了七年级，为了减轻家庭负担，他没有参加毕业考试，就外出寻找工作了。在同窗好友的介绍推荐下，显克维支于当年8月来到普旺斯克附近的韦伊海尔家担任家庭教师。韦伊海尔是当地的一位富绅，家里奢华宽敞，环境优美，儿子斯达赫是个老实听话的孩子，显克维支为斯达赫进行启蒙教育，同时讲很多有趣的故事，和他相处得很融洽。因为工作量不是很大，显克维支有时间复习自己的功课，在韦伊海尔家任教的一年中，他不仅温习了法语、德语、古希腊语、拉丁语和其他课程，还阅读了古希腊罗马诗人荷马贺拉斯塔西陀的著作，尤其喜欢荷马的史诗《伊利亚特》和《奥德赛》。

除了学习之外他还在闲暇时间临摹画画，有时也给别人抄写文章稿件，以增加收入。在韦伊海尔家任教的后半年，显克维支开始写小说。在一篇题为《牺牲》的小说里，他写了一个青年与一个建筑师的女儿相爱的悲剧。当他信心满满地寄给友人看时,却遭到冷遇,人家根本不喜欢,他感到自己迎头被泼了一盆冷水。

1866年8月,显克维支结束了一年的家教工作,回到华沙,开始准备毕业考试。9月,他在华沙第四中学参加了毕业考试,全部及格,其中波兰语、波兰和俄国历史、世界地理三门课程还获得了优秀。因此,他顺利获得了华沙教育总监颁发的中学毕业证书,按照波兰的规矩和习俗,中学毕业证书的获得标志着显克维支已经进入成人阶段了。

1866年10月,显克维支参加了华沙大学法律系的入学考试,并被录取。上大学在当时的波兰绝非易事,因为波兰依然处在亡国的境地,外国占领者动辄便借故封闭大学,波兰的大学可谓寥寥无几,华沙也仅有这一所高等院校。显克维支考入大学后,在父母的建议下,从法律系转到了医学系,因为父母认为学医能使以后生活更有保障。可是显克维支在医学系读了三个月后,还是自作主张转到了他所喜爱的语文历史系。

1873年,显克维支的母亲离开了人世。她是带着担心和忧虑离去的,因为儿子显克维支痴心于文学,她担心儿子以后靠写作挣钱,连温饱都解决不了。

上大学之后的显克维支和三位同学合租了一间房屋,他和许多贫困学生一样靠打零工维持生活。1867年底,经人介绍，他在沃罗涅茨基公爵家里担任家庭教师，开始了半工半读的生活，境遇开始有所改善。

在显克维支大学毕业的前后，华沙大学涌现出一批青年派知识分子，他们在校园里组织各种学习活动，开展大讨论，学习西欧哲学，反对封建秩序，提出了实证主义的改革社会和建设国家的理论，同时引进了达尔文的进化论。他们与贵族豪绅派针锋相对展开了激烈斗争。华沙的青年派知识分子们积极宣扬他们的实证主义观点，他们不赞成民族武装起义，而主张社会各阶层的联合，通过合法斗争去争取民族自治的权利，同时主张发展国家经济，增强波兰的实力，逐渐富强起来，达到独立的目的。波兰青年派代表着波兰新兴资产阶级的政治立场，在反对封建制度和倡导科学教育，以及促进社会进步方面起了不小的作用。在波兰青年派当中，有一批才华横溢的作家，他们积极主张文学的倾向性和功利主义，即文学创作要反对封建贵族的腐朽没落，讴歌资产阶级的进取精神。但随着资本主义发展带来的种种弊端，许多作家后来转向批判现实主义。他们对资本主义社会从抱有幻想转向清醒的认识，从歌颂资产阶级到揭露和批判资产阶级的贪婪自私、惟利是图。

显克维支并不属于实证主义派。他的大学同学普齐博罗夫斯基后来曾回忆道："他（显克维支）一直在打工谋生，而无心去关注什么文学流派，他从来也不关心这些事情，除了这点之外，他倒是一个非常通情达理和相当英俊的年轻人。"

1868年暑假期间，显克维支随沃罗涅茨基一家前往南方的什恰夫尼察休假，并在那里结识了波兰著名诗人阿斯尼克。阿斯尼克是波兰19世纪下半叶最著名的诗人，曾参加1863年1月的起义，他也是沃罗涅茨基夫妇的沙龙里的常客。

生活环境对人的影响无疑是极其重要的。当家教期间，显克维支有机会目睹这些名人大家的风采。起初他只是在旁边仰慕倾听，后来就加入了沙龙队伍。显克维支身材匀称偏瘦，说话条理清晰，偶尔夹杂几句幽默风趣的话语，在他侃侃而谈对时局的看法及对某些艺术话题的观点时，每每赢得大家的掌声。

一次，他们讨论1863年1月起义失败的原因，还有波兰未来的命运时，显克维支认为，作家们可以通过创作生动而深刻的历史小说去激发民众的爱国热情。

沃罗涅茨基家在华沙的乌雅兹多夫大街上有一座府邸，这条街临近皇家公园和植物园，是华沙最优美的大街之一。公爵在离华沙不远的索哈切夫果的别尔策村也有一座庄园。他家有不少藏书，常常高朋满座，其中不乏社会名流和博古斯瓦夫斯基等作家，从他们的交谈中，显克维支获益匪浅，他的第一部小说《徒劳无益》就是在博古斯瓦夫斯基主编的杂志《花环》上发表的。

这部中篇小说从1869年9月动笔，到1871年2月完稿，小说最初的标题是《分歧》，后经过几次修改，在1872年发表时名为《徒劳无益》。这部小说得到了波兰著名作家伊·克拉舍夫斯基的肯定："小说《徒劳无益》写得很不错。我要说一句真心话就是，很少有作家的第一部小说就写得如此成熟的，这应归功于作家的才华和其所选题材的准确性，即取自于亲身经历的或者是耳闻目睹的生活。"

《徒劳无益》的确是取自于显克维支熟悉的生活。小说写的是基辅大学的学生生活，但与华沙大学的学生生活其实基本相似，仅仅是故事发生的地点不同。小说是一个爱情悲剧，小说中的大学生都出身于贫苦家庭，他们没有经济来源，每天饥一顿饱一顿。大学生波特康斯基与寡妇海伦娜相爱，但结婚仅仅一年后小伙子便去世了。去世前他托好友古斯塔夫照顾他的妻子。不料古斯塔夫也迷恋上了海伦娜。但不久古斯塔夫也患病而亡，死前又将海伦娜托付给同学什瓦尔茨照顾。什瓦尔茨出身于铁匠家庭，他学习勤奋，乐于助人，在与海伦娜的接触当中，他也渐渐萌发了对海伦娜的爱恋，但他最终还是把目光转向他的邻居——另一个年轻的寡妇露娜，并向露娜求婚。不久，什瓦尔茨也生病了，在病中他胡言乱语，正好被前来探视他的海伦娜听见，海伦娜在绝望中自杀而亡，接着露娜也离他而去。什瓦尔茨顿觉他过去把精力都浪费在爱情上，真是徒劳无益的事情，后他奋发学习，并取得了医生的从业资格。在显克维支的笔下，这些大学生都是正派的、品格高尚的人，他们虽然出身贫穷，但一旦别人需要救助，他们便会毫不犹豫地用自己半工半读挣来的钱去帮助别人，他们都很喜欢海伦娜，而且这种爱都是出于真心，起码也是出于同情。随着人物的相继去世，作品弥漫着一种悲伤凄婉的氛围，也折射出外国占领之下波兰大学生的艰难处境。由于这是显克维支的第一部作品，无论是在情节的安排上还是在人物的刻画上都显得局促和稚嫩。

1869年4月18日，《每周评论》发表了显克维支的第一篇评论文章《拉帕茨基的客串演出》。

02
作家之旅

1871年，显克维支大学毕业。离开大学校园的显克维支并没有立即找到固定的工作，他只好以写稿为生。为了不给家里增加负担，也为了自己的行动更加自由，他没有住在家里，而是和列波尔德·米库尔斯基合租了一间房子。米库尔斯基是个激进的青年派成员，他极参加实证主义的运动，显克维支就是从他那里了解到有关华沙实证主义派活动的一些情况。

1872年起，显克维支担任《新闻》杂志的特约撰稿人，以李特沃斯的笔名在报刊上发表一系列讽刺小品和政论文章，他的第一部中篇小说《徒劳无益》就是这一阶段发表的。随后，显克维支又陆续发表中短篇小说《沃尔齐沃皮包里的幽默作品》《两条路》《老仆》《牧歌》等，开始在文坛崭露头角。《炭画》是他的早期代表作，显现出他对社会黑暗面的理性认识，以及他对受剥削压迫的底层人民的深切同情和人性关怀。这种人性的光芒，闪烁在他早期的很多作品中，比如《小音乐家杨科》。

《灯塔看守人》是显克微支精心创作的一篇短篇小说。他用鲜活生动的语言，讲述了一位流离失所、饱经沧桑的波兰老人的故事。因为对祖国的强烈思念，导致老人失去职业，四处漂泊。小说把民族兴衰与个人命运紧密联系在一起。文中那些细致入微的心理描写，优美精致的景物描写，情景交融的创作手法，显示了显克维支日臻成熟、惟妙惟肖的语言掌控力。

  我远望大海，席地而坐。月光下的海泛着雪白的浪花，波涛声像是断续的喧哗，给夜色添了几分宁静祥和的味道。海声渐渐消逝，倏地，从那远岸的尽头又传来那阵熟悉的歌声。

这歌声，似是浑浊幽深的男声，虽没有细腻的声线，却浑厚沧桑，让人听起来很舒服。它不沾染世俗，有与世隔绝的味道，是深邃的天籁之音，沉淀了无尽的辛酸与悲痛。

我听了，很是喜欢，情不自禁地站了起来。我小跑，跑向远方，跑向那歌声。那歌声似乎就在眼前，它真真切切地感染了我。我很想一睹这位神秘歌者的面容，倾听歌声背后的故事。

在目之所及的尽头，我看见了和月色一般皎洁的白光，在高处像一盏晶莹剔透的灯笼，又像是悬挂在夜空中明亮的星星。

是它——灯塔。

莫言在《影响过我的10位诺奖作家》一文中说，"显克微支的《灯塔看守人》，是我开始学习写小说时读到的。当时我已经不满足于读一个故事，而是要学习人家的'语言'。本篇中关于大海的描写我熟读到能背诵的程度。接受我稿子的编辑，误以为我在海岛上当过兵或是一个渔家儿郎。我通过阅读这篇小说认识到，应该把海洋当成一个有生命的东西写。我翻阅了大量的有关海洋的书籍，就坐在山沟里写起了海洋小说。"

  1876年，显克维支到美国旅行，在美国住了将近三年，目睹了美国劳工和移民的悲惨生活。回国后，他写了政论《旅美书简》《为了面包》《奥尔索》等短篇小说。在这些作品中，显克维支揭露了美国资产阶级民主的虚伪，反映了波兰移民在美国的悲惨遭遇。不久，他又发表了《胜利者巴尔杰克》等短篇小说，描写了波兰人民的贫困生活，揭露了波兰地主的伪善、外国占领者的残暴。

  1883年起，显克维支陆续发表了历史小说《火与剑》《洪流》《伏沃迪约夫斯基先生》三部曲，显露了他在历史小说方面的杰出创作力。三部作品分别描述了1648至1649年鞑靼人支援哥萨克人起兵的历史、波兰对抗卡尔·古斯塔夫的战斗，以及在波兰对土耳其的战役中，波兰士兵英勇守卫康明尼克要塞最终不幸失陷的故事。

  《洪流》中，在故事的开头，克密奇茨只是一个目无法纪又自视清高的地痞，后来他爱上了奥兰卡，在爱情的吸引和奥兰卡的熏陶下，他改过自新，重新赢得社会的尊敬，并获得荣耀和功勋。显克维支塑造的奥兰卡美丽而充满智慧，才华和修养兼备，性格坚毅，忠贞爱国，集合了作家心中女性的所有美好元素。

  《火与剑》的主要角色是参照古代著名史学家塔西佗的

《编年史》创作的。显克维支笔下的裴特洛纽斯老练世故，却被大家称作"风雅大师"；他是享乐主义者，亦是怀疑论者，他认为生命不过是虚幻的海市蜃楼，不过他又是个有勇士。他是个实事求是的人，即使处于极为不利的境地，他依然能用泰然自若的态度和各种手段来武装自己，让自己的尊严不受损伤。他无法理解基督徒祈求来生的行为，觉得那如同有人宣称一天从夜晚开始一样奇怪难解。裴特洛纽斯最终在蒂杰里奴斯的陷害下平静地离开了人世。通篇洋溢着显克维支独具特色的才思，令人耳目一新。

显克维支对人性了解得很透彻，在他的笔下，从来不会将人生硬地分成正面人物和反面人物。对于自己同胞的缺点、弱点，他会毫无保留地指出来，这是其作品的一个重要特点。

在历史小说的恢宏场面上，显克维支借主要人物之口，对波兰人过度要求个人自由进行了谴责。他认为，绝对的个人自由会让人放荡不羁，不愿牺牲自我利益来成就大众的公利。他强烈谴责上位者只顾争权夺利，对国家的迫切需求置若罔闻。他是一位坚定的爱国主义者，波兰民族的骑士精神在他的心中和笔下熠熠生辉。

《伏沃迪约夫斯基先生》中，军人伏沃迪约夫斯基的妻子巴希雅从兼具蛇、虎双重性格的凶残鞑靼人阿兹雅手中逃脱这一精彩情节，以及这位军人之妻身上所流露出的美与智慧并存的气质，极为精彩。尤其是后来准备以生命代价摧毁堡垒的伏沃迪约夫斯基，他与妻子诀别的场面，更为凄美动人。"他们终于相会于八月的一个夜晚，就在用门壁围成的壁龛里，他温柔地安慰并提醒她回忆着过去他们在一起的快乐时光，说死亡不过是从一个世界到另一个世界，如果他们之中有一个先离去，那只是为了等待另一个人的到来。"显克维支流露出的挚爱深情，动人心魄，感人至深。

显克维支笔下的人物语言和故事，总能很好地契合时代的需求，这得益于他对历史资料的长期广泛的收集。

三部曲中关于自然景物的描写也令人称道，精彩段落数不胜数。如在《火与剑》中，有这样一段描写："春风轻轻拂过，一望无际的草原在温柔的风中苏醒，花儿悄悄地从土地中抬起了头，虫子兴奋地嗡嗡振翅作响，无拘无束的野鹅从空中掠过，鸟儿的歌声中溢满欢快的音符，野马面对着士兵们的逼近，立刻紧张地耸立起背上的鬃毛，鼻孔翕张，飞驰而去的身影如旋风一般洒脱。"

三部曲的另一个鲜明特色是幽默。五短身材的骑士伏沃迪约夫斯基被描写得活灵活现、跃然纸上，而让人又气又笑的贵族查格沃巴亦给读者留下难以磨灭的印象。查格沃巴是个令人头疼的饶舌鬼——他觉得冬天若不多言，舌头是会僵硬麻痹的。他吹嘘着自己威武的军容、自己立下了汗马功劳，但实际上,他连士兵都未曾当过。每当与敌人相遇,他都会被吓得颤抖,像个懦夫。然而当真正的战斗打响,他内心最深处又会升起一股对于破坏了他安定生活的敌人的怒火,激起潜藏在他身体里的勇敢与无畏,令他奋勇上前,并击败了凶残的敌人。

03 艺术巅峰

继三部曲之后,显克维支又陆续创作了两部著名的历史小说:《你往何处去》和《十字军骑士》。

《你往何处去》是一部情节曲折、可读性很强的作品。小说通过罗马青年贵族维尼兹尤斯和信奉基督教的少女莉吉亚之间悲欢离合的爱情故事,反映了暴君尼禄统治时期异教的罗马与基督教之间的斗争。年轻的罗马贵族青年维尼兹尤斯偶然遇见一个衰败国国王的女儿莉吉亚,被其美貌和气质所吸引,但是在其传统观念的影响下,他所谓爱情只是出于自私和情欲,只是想把莉吉亚当成他的情妇或者妾奴。

由于莉吉亚是一个基督教徒,信仰爱情的忠贞和唯一,因此在识破维尼兹尤斯的阴谋后选择了逃离。后来维尼兹尤斯四处寻访莉吉亚的下落，意欲报复。然而在报复莉吉亚时自己却受了重伤，善良的莉吉亚救起他并医治照顾他。维尼兹尤斯被深深感动。

暴君尼禄为了自己能写好《特洛伊之歌》，竟然纵火焚烧罗马以重现特洛伊城的火势景象。焚火后，为了逃避责任，尼禄把罪名转嫁到基督徒身上，派人大肆逮捕基督徒，把这些无辜的替罪羊送到竞技场，有的任凭猛兽撕咬，有的被钉在十字架上示众，还有的被迫穿上浇了沥青的紧身衣，被绑在"火刑柱"上活活烧死。最惊心动魄、惨不忍睹的是竞技场表演的压轴戏——凶猛的野牛残害手无寸铁的莉吉亚。

在统治者对基督徒大迫害之时，维尼兹尤斯开始憎恨专制统治，因此接受了基督教的施洗。在经历一番周折后，他把莉吉亚救了出来，准备一起离开罗马，而在此时，维尼兹尤斯的叔父，尼禄的近臣裴特洛纽斯接受不了尼禄的罪恶行为，在为维尼兹尤斯说情争取之后，知道自己的时间不多了，从容自杀。这部作品真实再现了那个时代的生活，揭露了罗马帝国暴君的罪行。显克维支试图以早期基督教运动的悲壮斗争来启示人们，人性必将战胜"兽性"，仁爱定能制服暴政，人类的进步理想和坚定信念定能取得最后胜利。

显克维支洗练精到的笔触，将尼禄统治下的种种社会矛盾、剑拔弩张的紧张场面刻画得淋漓尽致。显克维支在刻画尼禄这一形象时显得格外谨慎，因为不能让他抢了主角的风头。但即使只是简单几笔的勾勒，也使这位帝王附庸风雅、好大喜功、趾高气扬又个性多变、残酷无情的形象跃然纸上。

《你往何处去》被公认是显克维支的顶峰之作，为显克维支赢得了国际声誉。这部将尼禄残酷专制统治完整记录下来的历史小说，获得了空前的反响与罕见的成功。单单英美两国英文译本的发行量就高达80万册。1901年，柏林专门研究波兰史的专家布鲁克纳教授曾作出估计，这本书在英美两地的销售量高达200万册。迄今为止，《你往何处去》已经被译成30多种文字，后来意大利、法国和美国好莱坞又多次将它改编拍成电影在各国上演。另外它还被改编成话剧、歌剧、大合唱、芭蕾舞，甚至还绘成了连环画在巴黎出版。因此，《你往何处去》不论是以小说形式出版，还是以其他形式出现，其影响范围之大，在波兰文学作品中都是首屈一指的。

《你往何处去》是诺贝尔文学奖史上第一部也是唯一一部获奖的历史小说。它出版后，受到波兰和意大利评论界的一致好评。凭借这部作品，显克维支不仅仅获得了诺贝尔文学奖，还被塞尔维亚科学院授予了通讯院士称号。

《你往何处去》中的很多经典名句流传至今，现节选几句：

欢乐好比美丽，住在看见它的人眼中。

我的灵魂中又再次听到了主在梯伯拉兹湖上对我说的话：当你年少的时候，自己束上带子，可以到自己想去的地方去，但是当你年老的时候，你要伸出手来，别人要把你束上，把你带到你不愿意去的地方。所以我要向我的羊群走去，这才是正确的选择。

大理石虽然是珍贵的，它本身却不成东西，只有当雕刻家把它变成一个杰作的时候，它才有真正的价值。

我笑，是因为生活不值得用泪水去面对。

《你往何处去》完成后，显克微支开始了历史长篇小说《十字军骑士》的创作。

19世纪80年代，普鲁士在其占领的波兰地区，积极推行民族摧残、民族迫害政策。当时的铁血宰相俾斯麦为了实现德国的统一开始了所谓的文化斗争，矛头指向坚持民族特性的基督教会，而且还把波兹南并入北德意志联盟，波兹南的自治痕迹被消灭殆尽。他还下令禁止在政府、法院和学校以及各种集会上使用波兰语，而一律要采用德语，违抗者将受到严厉制裁。20世纪90年代初，在普占区的一些中小学校里，经常发生学校处罚殴打那些不愿说德语的波兰学生，甚至连学生家长也受到传讯和拘捕，这些野蛮行径激起了波兰各地区人民的强烈抗议，也得到了欧洲各国正义人士的声援。显克维支也多次撰文或公开讲演，抨击德意志人的这些罪恶活动。普鲁士统治当局还于1886年成立移民委员会，大量向其占领的波兰地区移民，企图把波兰人从他们的波兰土地上赶走。同时，还成立德国东部边区联盟，意欲消灭波兰民族，达到其完全实现日耳曼化的目的。正是面对这种灭绝种族的残酷压迫下，显克维支写成了《十字军骑士》，用中世纪末期的十字军骑士团来比喻当时普鲁士侵略者，坚信他们的侵略压迫必将遭到可悲的下场，同时也借助波兰历史上以弱胜强的范例格隆瓦尔德战争来鼓舞和激励广大人民的斗志，使波兰人民树立起必胜的信心。

《十字军骑士》于1900年完成，热情赞扬了波兰和立陶宛人民同仇敌忾、共同战胜入侵者的斗争精神。这部小说生动再现了波兰人民的光辉历史，渗透着作者炽热的爱国主义思想，堪称波兰文学史上的又一部杰作。

此时，显克维支个人创作的荣耀生涯可以说已臻完美之境。他被波兰人敬若神祇，更难能可贵的是他对自己祖国那份坚定不移的忠贞。在他文学创作二十五周年的纪念庆典上，波兰人民自发为他举行规模宏大的全国预售活动，并用售书所得买下他家乡旧居的地产，当作礼物送给他。各地代表团都纷纷向他致敬，贺电纷至沓来，华沙电台还特地以他之名播映了一个特别专集节目。瑞典学院于1905年将诺贝尔文学奖颁给显克维支，这是北欧各国向他的文学成就表示的最为崇高的敬意。

20世纪后，显克维支的思想逐渐衰退，出现保守倾向。后期致力于写作最后一部小说《军团》，但未完成。1916年11月15日晚上9时，显克维支因心脏病突发去世。临终时，他对妻子说的最后一句话是："我的上帝！我再也看不到自由的波兰了！"

（王铁钢）

参考资料：
《1905年获奖作家——显克维支》，和讯网，2013年9月25日。

延伸阅读：
《小音乐家扬科》

作者：显克维支

从前波兰有个孩子，叫扬科。他长得很瘦弱，脸黑黑的，淡黄色的头发直披到闪闪发光的眼睛上。

扬科的母亲是个短工，过了今天，不知道明天会在哪里，好像寄居在人家屋檐下的燕子。扬科八岁就做了牧童。扬科很爱音乐，无论走到哪里，他总能听到奏乐声。他到树林里去采野果，回家来篮子常常是空的，一个野果也没采到。他说："妈妈，树林里在奏乐呢，噢咿！噢咿！……"田野里，小虫为他演奏；果园里，麻雀为他歌唱。凡是乡村里能听到的一切响声，他都注意听着，他觉得都是音乐。堆草料的时候，他听到风吹得他的木杈呜呜作响。有一次他正听得出神，被监工看见了。监工解下腰带，狠狠地打了他一顿，要他永远记着。

大伙儿管他叫小音乐家扬科。春天来了，他常常跑到小河边去做笛子。傍晚，青蛙呱呱地叫起来，啄木鸟笃笃地啄着树干，甲虫嗡嗡地叫。扬科躺在河边静静地听着。村上的更夫常常看见扬科悄悄地躲在乡村旅店的墙角下静听。旅店里有人在跳舞，有时候传出脚踏地板的声音，有时候传出少女歌唱的声音。小提琴奏出轻快柔和的乐曲，大提琴用低沉的调子和着。窗户里灯光闪耀，扬科觉得旅店里的每一根柱子都在颤动，都在歌唱，都在演奏。小提琴的声音多么美妙啊！要是能有一把小提琴，扬科真愿意用自己的一切去交换。只要让他摸一摸，哪怕只摸一下，他就够满足的了。

扬科用树皮和马鬃，自己做了一把小提琴，但是怎么拉，也不像旅店里的小提琴那样好听。它声音小，太小，就像蚊子哼哼似的。可是扬科还一天到晚拉着。地主的仆人有一把小提琴，他常常在黄昏的时候拉。扬科多么想仔细地看看那把小提琴呀！他曾经悄悄地从草堆边爬过去，爬到食具间门前。门开着，小提琴就挂在正对着门的墙上。扬科很想把它拿在手里，哪怕一次也好，至少可以让他瞧个清楚。一天傍晚，扬科看到食具间里一个人也没有。他躲在草堆后面，眼巴巴地透过开着的门，望着挂在墙上的小提琴。他望了很久很久，他怕，他不敢动，但是有一股无法抗拒的力量在推着他往前走，推着他那柔弱的、瘦小的身子悄悄地向门口移动。

扬科已经进了食具间。他每走一步都非常小心，但是恐惧越来越紧地抓住了他。在草堆后面，他像在自己的家里一样自在，可是在这儿，他觉得自己好像是闯进了笼子的小动物。夜静得可怕，月光偏偏照在扬科身上。扬科跪在小提琴前面，抬起头，望着心爱的小提琴。过了一会儿，黑暗里发出了一下轻微的凄惨的响声，扬科不小心触动了琴弦。忽然屋角里有个睡得迷迷糊糊的声音在粗鲁地问："谁在那儿？"扬科憋着气。有人划了根火柴，蜡烛亮了。后来听到骂声、鞭打声、小孩的哭声、吵嚷声、狗叫声。烛光在窗户里闪动，院子里闹哄哄的。第二天，可怜的扬科给带到管家面前。管家看了扬科一眼,这个瘦小的孩子睁大了惊恐的眼睛。怎么处置他呢?把他当作小偷惩办吗?他太小了,几乎站也站不稳,还用送到监狱里去吗?

管家最后决定"打他一顿算了"。管家把更夫找来,说:"把这孩子带走,打他一顿。"更夫点了点头,夹起扬科,像夹一只小猫似的,把他带到一个小木棚里。扬科一句话也没有说,他也许是吓坏了,只是瞪着眼睛,像一只被抓住的小鸟。他哪里知道人家要把他怎么样呢?

扬科挨了一顿打。他母亲来了,把他抱回家去。第二天,他没有起床。第三天傍晚,他快要死了。扬科躺在长凳上。屋子前边有一棵樱桃树,燕子正在树上唱歌。姑娘们从地里回来,一路唱着:"啊,在碧绿的草地上……"从小溪那边传来笛子的声音。扬科听村子里的演奏,这是最后一次了。树皮做的小提琴还躺在他的身边。小音乐家扬科睁着眼睛,眼珠已经不再动了。白桦树哗哗地响,在扬科的头上不住地号叫。

医生界的"辛德勒"

——拉佐斯基

"一带一路"列国人物传系·波兰名人传

医生界的"辛德勒"——拉佐斯基

一提起二战中对犹太人的营救，很多人会想起著名影片、奥斯卡奖获奖作品《辛德勒的名单》，这部由真人真事改编的电影令人震撼和感动。影片中那哀婉、悲伤的主题曲不论在何时播放，都让人联想起剧中那催人泪下的场景和辛德勒令人敬仰的救人壮举。然而，您可知道在这世上还有一位和辛德勒一样了不起的人物——波兰医生尤金·拉佐斯基。

尤金·拉佐斯基（Eugene Lazowski，1913—2006 年），波兰医生。二战之前，他从波兰首都的华沙大学取得医学学位。二战期间，他以波兰陆军校尉的身份参加红十字会培训，后来在波兰国内部队中当军医。1939 年，华沙陷落后，拉佐斯基曾被捕入德军俘虏营，一段时间后得以逃出。1942 年，他与妻子和年幼的女儿在波兰小镇罗茨瓦杜夫团聚，并在那里行医。1958 年拉佐斯基移民到美国，1976 年担任伊利诺伊大学厄巴纳-香槟分校小儿科医学教授，直到 80 年代末退休。2006 年，拉佐斯基在俄勒冈州尤金市去世。他的著作包含回忆录《我的个人战争》(My Private War)及上百篇论文。

第二次世界大战期间，身为医生的拉佐斯基为了救助犹太人，制作出"假疫苗"让健康的犹太村民呈现斑疹伤寒阳性反应。德军因为害怕被传染而选择隔离村民，没有把他们送往集中营。拉佐斯基利用自己的专业知识，巧妙地骗过了德国纳粹，成功解救约 8000 名波兰犹太人，让他们逃脱了被处决或落入集中营的厄运，安全地度过了那段恐怖的岁月，他被称为医生界的"辛德勒"，波兰人民心中的英雄！2001年9月由WKY Yeung发现的编号为34838的小行星被命名为"拉佐斯基"。

01

投笔从戎，舍身报国

1913年，拉佐斯基出生在波兰南部城市琴斯托霍瓦（Częstochowa）。如今，这里是一座知名的旅游城市，但是在一战期间，这里曾是波兰和德国斗争的前沿阵地。当时波兰国力弱小，面对强敌并未取胜。当一战德国战败之后，这座城市便根据《凡尔赛条约》划归了波兰。

由于二战期间的档案流失和他自己战后的低调，拉佐斯基早年的经历几不可考，依据目前已知史料，在二战之前，青年时期的拉佐斯基考入了波兰的最高学府——波兰首都华沙大学医学部攻读医学学位。可是在他还没有准备好做一个兼济天下的医生时，国际形势急转直下，二战爆发了。1939年，纳粹德国闪击波兰，直逼首都华沙，很快便吞并了整个波兰。占领的三年期间，昔日美丽、平静的波兰被纳粹分子摧残得遍体鳞伤。

时年 27 岁的拉佐斯基加入波兰军队并担任中尉军医，是红十字会的急救专家。1939 年，华沙陷落后，拉佐斯基曾在俘虏营待过一段时间，后来又逃了出来。波兰军队解散后，一些爱国的同志们组建了"波兰爱国军"，效忠于在伦敦的波兰流亡政府，拉佐斯基受到同志们的感召，也在其中担任军医，常在敌后偷偷地救治伤员。

02
妙手仁心，造福乡里

1942 年年初，波兰政府流亡英国之后，波兰国内的反纳粹力量转入地下。出于对躲避德国纳粹的追捕的考虑，同时为了防止自己被周围了解情况的叛国者举报，拉佐斯基便带着妻子和年幼的女儿举家迁至更靠近乌克兰的罗茨瓦杜夫小镇，为波兰红十字会工作，以躲避纳粹迫害。当时住在罗茨瓦杜夫的医生，除了拉佐斯基外，还有他当年在医学院里念书时结识的朋友斯德斯拉·马特罗茨，于是二人携手行医。拉佐斯基在当地逐渐有了名气，良好的家庭教育让他拥有一颗仁爱、善良的心，加之医术精湛，说话温和，热心慷慨又不贪图名利，因而很受当地居民尊敬。当时盖世太保正在抓捕年轻波兰男女作为奴隶工，并将犹太人押送到死亡集中营。对此，拉佐斯基深感愤怒和无奈。作为一名医生，他自己不能拿起武器杀人，但作为一个有良心的爱国者，他不能袖手旁观。

在罗茨瓦杜夫附近有个犹太人聚居区，很多不太富裕的犹太人居住在此。战争爆发后，他们平静的生活被打破，犹太人遭到圈禁，每日都在恐慌与压抑中度过，朝不保夕。被圈禁的犹太人失去了看病的基本权利，纳粹看守者不允许他们前去看病。一旦被抓获，医生和病人都会遭到纳粹士兵的责骂和毒打。

拉佐斯基经常冒着生命危险偷偷帮助附近生病的犹太人，他悄悄告诉镇子里的犹太人，如果需要他的帮助或寻医问药，就在自家的后院栅栏上挂一块白色的布条。看到布条后，拉佐斯基就会找一个相对安全的晚上，悄悄过来。在纳粹高压控制下的罗茨瓦杜夫，那些飘荡在战争乌云下的大小不一的白布条，寄托着当地的犹太人对拉佐斯基的信任，那些白布条，就像一朵朵纯洁的小白花，在栅栏上盛放。

纳粹当局要求仔细核算拉佐斯基所用的所有药品和供应品，但他总能巧妙地蒙骗过去。因为拉佐斯基的诊所离镇上的火车站很近，所以他经常被找去治疗那些正在旅行的病人。

在他的官方报告中，拉佐斯基会夸大他在治疗这些旅行病人时所使用的药物和供应品的数量，因为他知道纳粹守卫很难找到被治疗者进行复核。

这段经历来自拉佐斯基日后的回忆。他说："我是一名医生，我的职业告诉我要放下对他人种族、宗教的分歧为他们治疗。""医生的基本职责就是保护生命，这就是挽救生命的方法。"其实，拉佐斯基帮助犹太人不是一天两天的事儿了。他的父母早些年就曾让两户犹太人藏在自己的家中，使他们躲过了德国纳粹的追杀。

然而，在暂时的宁静背后，一场更大的危机正悄悄靠近罗茨瓦杜夫小镇，就是在这场危机中，医生拉佐斯基以自己智慧而勇敢的壮举为二战史增添了充满人性光辉的一笔，也让他的英名彪炳青史。

03

偷天换日，挽救众生

自 1939 年德国闪击并占领波兰以来，纳粹便展开了对犹太人的残酷屠杀。纳粹入侵波兰后屠杀了五分之一的波兰人，更由于波兰是欧洲诸国中犹太人数量最多的国家，因此这里的犹太人首当其冲，惨遭屠杀血洗，340万波兰籍犹太人中超过90%被纳粹杀害。纳粹在波兰修建了六个集中营，每天都有大量欧洲其他地方的犹太人被押运到波兰的集中营被集中清理。无数的犹太人遭受着地狱般的悲惨生活。

拉佐斯基此时所居住的罗兹瓦杜夫正挨近波兰南部臭名昭著的奥斯威辛集中营，是德军重点管控区域。如果没有意外情况，按照德国法西斯的做法，这片区域里的犹太人都将会送到附近的集中营，失去自由、被迫做苦役、受虐待，或者是面临被占领的德国人草率处决的命运。德占区的波兰犹太人的悲惨命运几乎是被注定了，谁也难逃魔爪。他们每天都过得提心吊胆，不知道哪天就被纳粹部队抓走，带到集中营里。

随着纳粹残忍的"种族灭绝"计划的实施，波兰局势日益恶化，学校被迫停课。在大街上可以经常看见穿着制服的盖世太保，他们拿着枪，随时会将可疑人员强行拉到车上，朝集中营驶去。

党卫军和盖世太保异常的举动，引起拉佐斯基的警觉，他担忧在不久后可能会有一场针对罗兹瓦杜夫的大清洗。

1942年的一天早上，在这个镇上红十字会工作的拉佐斯基，刚刚经过了纳粹的例行盘查，他像往常一样打开了诊所的门准备救治前来的伤病人员。二战期间，红十字会作为中立的人道主义国际组织，虽没有被纳粹取缔，但波兰的红十字会还要受纳粹的管辖。自从纳粹占领罗茨瓦杜夫小镇后，压抑与恐慌就笼罩住了整个小镇。天是灰蒙蒙的一片，街道上行人寥寥，眼前一番死气沉沉的景象。

当天，纳粹集中营里的一名浑身起满了疹子的犹太人被押送到了拉佐斯基所在的诊所。这名犹太患者从表面看有些像传染病斑疹伤寒——这是一种急性传染病，纳粹担心他在集中营造成大面积传染，立刻押送到拉佐斯基所在的诊所。

纳粹德军为什么这么惧怕斑疹伤寒呢？这就要从病理学的角度以及斑疹伤寒的爆发历史说起：

斑疹伤寒又叫人虱型斑疹伤寒，是一种当下在城市已不多见，但在非洲仍然时有爆发的流行性疾病。是由病原体普氏立克次体引发的急性传染病，病原体主要富集在虱子的粪便内，于人体间传播。这种病的症状十分可怕：初期有剧烈头痛、畏寒、肌肉酸痛、虚脱、发烧、精神狂躁等症状，在发病五天左右，身体上会出现出血性红疹，到疾病晚期感染者最终会因脱水和休克死于斑疹伤寒引起的肺炎、心肌炎、肾衰竭等并发症，它在当年的死亡率高达10%—40%。患上这种急性传染病的人，基本上也就可以放弃治疗了。

2001年，考古学家在立陶宛首都维尔纽斯发现了一个埋有3000具骸骨的乱葬坑，经过认真分析之后发现，这些骸骨就是拿破仑东征时的紫金军团留下的。紫金军团是拿破仑亲自挑选的由法军的精英老兵组成的帝国御前卫队,这些人比普通士兵更英勇更强壮。他们为什么会死在这里呢?根据DNA测试显示,正是因为染上了流行性斑疹伤寒,成千上万的紫金军团的官兵倒在了北征俄罗斯的途中,使得这次战役以自败而告终。

由于病原体主要通过虱子在人群中传播,因此流行性斑疹伤寒在军营和战俘营这些人多卫生条件又差的地方最易于爆发。德国已经几十年没有见过流行性斑疹伤寒的病例了,一旦这种瘟疫开始传播,德军也缺乏抵抗病菌的自然免疫力,到时候将可能彻底摧毁整个地区德军的战斗力,使他们不战自溃。

德国纳粹之所以对斑疹伤寒非常恐惧,还因为在第一次世界大战中很多士兵也死于该传染病。

拉佐斯基当然也知道这种传染病的凶险。巧合的是,这位叫奥斯卡的患者正好和拉佐斯基是同乡。经过认真细致的诊断,拉佐斯基让同乡放心,他只是普通的过敏症状。可是得知这个结果,奥斯卡不仅没有欣喜,反而更难过。他拉着拉佐斯基的手恳求道:"医生,您救救我吧,我刚从集中营里放出来,那里根本不是人待的地方!我宁愿得重病死了,也不想再回去了!"

拉佐斯基闻之心里一震，现在纳粹已经限制了他的活动范围，他就是想帮助同乡，也根本做不到。奥斯卡环顾四下，诊所逼仄的空间一览无余，他眼里渴望的光芒黯淡了，这个又窄又小的屋子根本无处藏人。拉佐斯基焦急地来回踱步，他快速思索着帮奥斯卡逃离纳粹魔爪的方法。

忽然，他的眼角不经意地瞥到了一个小玻璃医用瓶。他拿起小瓶，眼睛突然亮了。瓶子里装的是他半年以前做实验用过的疫苗。

这让拉佐斯基突然想到之前一件事：他的同窗好友斯德斯拉·马特罗茨，也是一名出色的医生，更是一名优秀的病理学家，他之前就一项医学测试曾经和拉佐斯基研讨过。在第一次世界大战的爆发期间，两名微生物学家发现有些变形杆菌与普氏立克次体有相同的抗原成分，能发生交叉反应，只要提取这些抗原与患者的血清样本融合，就会出现血液凝结反应。如果患者血液测试试验结果呈阳性，患者也就会被诊断携带有普氏立克次体。这个测验叫作外斐试验。直到今天仍是临床检测普氏立克次体的重要手段。

虽然外斐试验在理论上成立，但是还没有在临床上做过规模试验。通俗地讲，那个项目的发现就是一种流行性斑疹伤寒的病原体疫苗，如果做过灭活处理再注入人体，就会在化验时表现出来有这种疾病的症状。而与此同时，受种者又不必真的体验一把病痛,仍然能够正常地生活。

这就是外斐试验的运行原理。拉佐斯基曾在医学院里进行过系统的专业训练,因此对这套原理也比较熟悉。拉佐斯基和马特罗茨两人也曾做过几次初始的研究,发现是可行的。

"也许你可以利用这项发现做点什么",他对自己说,"既然德国人如此惧怕斑疹伤寒,我何不制造个假的病例来挽救奥斯卡呢?如果利用外斐试验,继续研发出这种从变形杆菌中提取出来的'假疫苗',不仅能救奥斯卡,还可以救更多的犹太人。"

他告诉负责押送的纳粹士兵,患者的症状和斑疹伤寒很像,要多观察几天才能确诊,奥斯卡就这样留在了诊所。

与此同时,他开始制作这种"假疫苗"。拉佐斯基知道自己的做法很冒险,但同时心里也十分激动。他仿佛在黑暗中看到了从墙缝里透射过来的微光。

为了尽快制作出"假疫苗",拉佐斯基放弃休息,通宵达旦地查阅资料,紧张地进行着秘密实验。

功夫不负有心人。经过不断摸索,在经历了一次又一次的失败后,拉佐斯基终于成功制造出了"假疫苗"。这种疫苗能让人在立克次体细菌检查时呈阳性,但其实不会真的致病。

"假疫苗"很快就派上了用场。拉佐斯基将这种疫苗注射到奥斯卡身上，又快速做了一份疑似斑疹伤寒的报告，他还按规定把奥斯卡的血液样本寄到德国的实验室。当拉佐斯基的医学报告陆续传递到德军的指挥官手中时，立刻引起了德军的高度警惕。此时的德军在欧洲几乎所向披靡，正是用兵之际，不能有任何闪失，当务之急就是防止疫情继续扩散，避免影响到士兵的健康与军队的士气。

"把病人就地隔离，绝不允许他回到集中营！"德军的命令传来，奥斯卡大喜过望，他就这样逃离了重回集中营的厄运。

看到自己的方法有效后，拉佐斯基也有一点小惊喜。他想为更多的犹太人注射"假疫苗"，以蒙骗纳粹分子，但他同时又站在纳粹军队的角度想，如果再发现有犹太人患上传染性疾病"，万一纳粹不愿费劲处理，而是直接枪决怎么办？

为了打破这个死局，拉佐斯基思来想去，决心冒一次更大的险：干脆让全村所有的人都"患上"斑疹伤寒，让整个村子变成疫情重灾区，这样，全村人就会遭到彻底隔离，也就不会有纳粹分子进来抓犹太人了。

当时的德国纳粹当局要求驻地的波兰医生一发现斑疹伤寒疫情就要迅速上报，并将血液样本传到德国实验室确诊。凡是查出有患病者都会被立即隔离。

于是他一面为犹太人注射这种"假疫苗"，一面不断地给纳粹当局上交"疫情"报告，最终营造出整个罗兹瓦杜夫小镇成为"疫区"的假象。为了不给自己带来猜疑，拉佐斯基给他的许多病人注射了"假疫苗"后，转给了其他没参与治疗的医生，这些医生就会自己发现斑疹伤寒并单独报告。

拉佐斯基曾说："医生面临着一个特殊的任务，不仅要预防疾病和治疗生病的人，还要捍卫同胞们的生命。"拉佐斯基就是这样用他独特的"私下战争"方式来应对侵略者。

对于这一切，拉佐斯基和马特罗茨没有告诉任何人，甚至连他们的妻子都毫不知情。

"当然，我也很害怕。" 拉佐斯基说，"我不知道我是否会被盖世太保逮捕和折磨，所以我随身携带了氰化物药丸，以防万一我被逮捕了。"

当然，狡猾的纳粹一开始并没有轻信这位波兰医生的"瘟疫说"，因为屠杀期间有太多制造假瘟疫试图逃脱的案例了。纳粹掌管的医学实验室多次详细检测了拉佐斯基送来的血液样本，这些纳粹医生经过了一系列实验测试反复论证，最终得到的结果跟拉佐斯基报告的一样：患者携带有普氏立克次体病菌。这个检验结果终于让纳粹当局对这片区域开始出现的瘟疫这一"事实"深信不疑。不久，纳粹就宣布设置以这个村为中心的大片隔离区，为了避免军队经过这里受到感染，沿着这个村子的周边都贴上了告示牌，写着："警告，斑疹伤寒！"

这样的隔离计划让德军不仅从不与这片区域的人接触，还避免经过这片受感染的地区，这样的隔离计划实行了两年。因而这个地区的人们有了相对的自由，当地居民受到了"特殊"的保护，避免了纳粹法西斯的进一步迫害。

纳粹认定了血液检测的结果，也相信这一地区存在着"斑疹伤寒"疫情，因此这个欺骗计划最初实行得很成功。直到1943年下半年。因为两年时间过去了，瘟疫并没有造成这个区域的大量人员死亡，这期间德国人获得了一条重要情报：虽然上报的斑疹伤寒疫情越来越严重，但这个区域事实上很可能并没有实际的伤寒疫情。于是德军派了一个专业的医疗调查团前往波兰东南部调查瘟疫情况。

"盖世太保的首领正监视着我，因为他确信事情正在进行。"拉佐斯基回忆说，"但我也是德国患者的英雄，因为我是一个有经验的医生，他们也需要我。虽然他们仍然觉得可疑。"

在当地的盖世太保局长通知卫生当局后，他们向隔离区派遣了一个调查委员会和两车士兵。

拉佐斯基已经为他们做好了准备。他召集起了他能找到的最老、最恶心、最不健康的犹太人，他们都被注射了假斑疹伤寒。他让他们在肮脏的茅屋里等待。年轻的纳粹军医们先被安排到饭桌前，伴随着美好的音乐声，一瓶瓶伏特加喝下了肚，基尔巴萨香肠也被消耗殆尽。这时拉佐斯基说："我感谢你们的到来，调查这里的病患和疫情。但要小心，因为病区是肮脏的，充满虱子，会传染斑疹伤寒。"不出拉佐斯基所料，年轻的医生们匆匆忙忙结束了调查，只采集了几个受试者的血样，而且并没有检查这种疾病的实际症状。后来血液样本检测出斑疹伤寒阳性，纳粹德国的卫生部门才解除了怀疑。

从此，驻防的纳粹德国军队拒绝进入这一地区执行任务，索性把村庄给彻底隔离了。从此，这一地8000余名犹太人免遭被奴役和被屠杀的厄运。更让他们高兴的是，由于身在"疫区"，纳粹军队害怕被传染，便取消了原本制定对这一地区的作战攻击计划，使罗兹瓦杜夫的人民保住了生命和家园。直至二战结束，罗茨瓦杜夫都没有再受到纳粹的侵扰，生活在这里的犹太人安然度过了这场"种族清洗"的灾难。就这样，1942年一场在奥斯威辛集中营附近发生的始料不及的"瘟疫"，最终却拯救了众多犹太人的生命！

04

昔日英雄，暮年扬名

不为人知的波兰英雄虚构的一场"瘟疫"成功欺骗了纳粹当局，直到迎来二战的胜利。拉佐斯基这位普通医生的知识和胆量，使得在德军魔爪下被监禁的8000多名犹太人得以逃生，这一数字比著名好莱坞影片《辛德勒的名单》里的德国商人辛德勒救下的1200多名犹太人还要足足多出6倍！

战争结束后，有人问拉佐斯基为什么那么勇敢。拉佐斯基说，在行医时，我最喜欢的是村民看我时的眼神，他们的眼睛里藏着善良、信任、敬意和对我深深的爱，如果有办法，我一定拯救他们。很幸运，我找到了办法。我想要以这个特殊的方法，为同胞们捍卫生命！战争虽然可怕，可也让人最本质的人性绽放出璀璨的善良之光。拉佐斯基，这个普通的医生，用一种疫苗，打赢了这场生命争夺战。

一名二战期间住在"隔离区"的村民艾沙尼维斯基表示，在他看来，拉佐斯基是一位爱国英雄。"在那样艰难的时期，他做出了勇敢的选择，毫不畏惧。他也是我后来选择医生这一职业的原因。"

拉佐斯基也遇到过危险。战争快结束时，有一位之前找他偷偷治过病的警察来看他，让他快跑："快逃吧，你上了盖世太保的名单！"听了警察的话，拉佐斯基笑了笑，一再重申他对德国纳粹的"忠诚"。警察掏出了一张纸，上面写着拉佐斯基曾经救治波兰地下组织的详细时间和地点。"不过，最终他们没有杀我。"拉佐斯基笑着回忆道，"他们还需要我治疗斑疹伤寒症呢。"

拉佐斯基以个人的力量做到了千军万马都不一定能完成的伟绩。

时光流转，因为电影《辛德勒的名单》，那个拯救犹太人于水火中的辛德勒早已闻名全世界，而拉佐斯基医生却一直鲜为人知。

二战结束后不久，世界笼罩在两大敌对阵营的冷战之中。出于政治倾向的考虑，身处在苏联控制区的拉佐斯基又一次敏锐地察觉到了环境的恶化。为了能够在平静的氛围中继续自己的医学研究，拉佐斯基于1958年悄悄踏上了前往美国的轮船。在美国，他想继续从事自己热爱的医学事业，但是波兰的医学文凭在美国并不能直接获得行医资格，他只能重新学习。拉佐斯基信念坚定，矢志不渝，18年后，他不仅成功地获得了美国的行医资格，还担任了伊利诺伊大学的小儿科教授。

拉佐斯基于 1980 年退休。进入晚年的拉佐斯基出版了一本回忆录，书名为《我的个人战争》。在书中，他披露了当年那段令人惊叹的伟大壮举，他在二战时那些不为人知的贡献才得以公诸于众。至此，世人方知晓这个在二战期间反抗纳粹的无名英雄。2001 年，他的传奇故事则被拍摄为同名纪录片。

拉佐斯基在晚年曾经回过波兰，受到了英雄般的欢迎。人们从波兰和欧洲各地赶来迎接他、感谢他。

拉佐斯基说，"我只是想为我的人民做些事。我的职业是拯救生命，防止死亡。我在为生命而战。"

晚年的拉佐斯基一直低调而安静地生活。2006 年他与世长辞，享年 92 岁。

2015 年，波兰小城斯塔洛瓦沃拉举办了一场纪念拉佐斯基医生的展览活动，他的事迹再次被广泛传开。

一位当年被救助的犹太人代表在发言中说："我们永远不会忘记拉佐斯基，他是犹太人的英雄！"

（刘贵生　吴安宁）

参考资料：

1. 王晓莹编译：《他是医生界的"辛德勒"》，载《齐鲁晚报》，2015 年 10 月 10 日。

2. 方湘玲：《假疫苗拯救八千生命》，载《文史博览》，2016 年第 6 期。

延伸阅读：
历史上几次重大传染病

天花。公元前1100多年前，印度或埃及出现急性传染病天花。公元前3至前2世纪，印度和中国流行天花。公元165—180年，罗马帝国天花大流行，四分之一的人口死亡。6世纪，欧洲天花流行，10%的人口死亡。17—18世纪，天花是欧洲最严重的传染病，死亡人数高达1.5亿。19世纪中叶，中国福建等地天花流行，病死率超过二分之一。1900—1909年，俄国因天花死亡50万人。

鼠疫。公元前430至前427年，雅典发生大瘟疫，近二分之一人口死亡，整个雅典几乎被摧毁。有专家认为此疫即鼠疫。历史上明确记载的第一次世界性鼠疫大流行始于公元6世纪，源自中东，流行中心为近东地中海沿岸，持续近60年，高峰期每天死亡万人，死亡总数近1亿人。最令人恐怖的是1348—1351年第二次世界性鼠疫在欧洲的迅速蔓延，史称"黑死病"，患者3到5天内即死，3年内丧生人数达6200万（有的说是3000万），欧洲人口减少近四分之一，其中威尼斯人口减少70%，英国人口减少58%，法国人口减少四分之三。1348年疫情高峰时，佛罗伦萨、威尼斯、伦敦等城市的死亡人数均在10万以上。此次"黑死病"延续到17世纪才消弭。流行范围较广的是第三次世界性鼠疫大流行。1894年，香港地区暴发鼠疫，20世纪30年代达到最高峰，波及亚洲、欧洲、美洲、非洲和澳洲的60多个国家，死亡逾千万人。其中，印度最严重，20年内死亡102万多人。此次疫情多分布在沿海城市及其附近人口稠密的居民区，流行传播速度之快，波及地区之广，远远超过前两次大流行。当今，鼠疫在北美、欧洲等地几乎已经绝迹，但在亚洲、非洲的一些地区还时有出现。

霍乱。19世纪初至20世纪末，大规模流行的世界性霍乱共发生八次，地区性流行也出现过几次。1817—1823年，霍乱第一次大规模流行，从"人类霍乱的故乡"印度恒河三角洲蔓延到欧洲，仅1818年前后便使英国6万余人丧生。1826—1837年，霍乱第二次大流行，穿越俄罗斯后到达德国、英国、加拿大和美国等国。1846—1863年，霍乱第三次大流行，波及整个北半球。1865—1875年，霍乱第四次大流行，由一艘从埃及到英国的船所引发。1883—1896年，霍乱第五次大流行始于埃及。1910—1926年，第六次霍乱大流行。1961年出现第七次霍乱大流行，始于印度尼西亚，波及五大洲140多个国家和地区，报告患者逾350万。1992年10月，第八次霍乱大流行，席卷印度和孟加拉国部分地区，短短 2 到 3 个月就报告病例 10 余万，死亡人数达几千人，随后波及许多国家和地区；1997 年 9 月起，霍乱在非洲大规模蔓延，仅 1998 年的头 3 个月乌干达就报告病例 11335 例，肯尼亚报告病例 10108 例。

流感。1510 年，英国发生有案可查的世界上第一次流感。1580、1675 和 1733 年，在欧洲均出现大规模流感。1889—1894 年，"俄罗斯流感"席卷整个西欧。最致命的是席卷全球的 1918—1919 年流感。它可能源于美国，1918 年 3 月 11 日，美国一个军营的 107 名士兵首次发病，不到两天即有 522 名士兵被感染，一周之内各州均出现病例，数月传遍全国，但未被引起高度重视；4 月，流感相继传至欧洲、中国、日本；5 月，流感遍布非洲和南美；9 月疫情达到高峰；10 月，流感便使美国的死亡率达到了创纪录的 5%。当年，近四分之一的美国人得了流感，67.5 万人死亡。全球约有 2000—5000 万人在这场流感灾难中丧生。18 个月后，这场疾病离奇地消失。1957 年的"亚洲流感"和 1968 年的"香港流感"也波及世界多个地区。"亚洲流感"在美国导致 7 万人死亡，"香港流感"使美国 3.4 万人因感染致死。1977—1978 年的"俄罗斯流感"始流行于苏联，后又波及美国及其他许多国家。

其他主要传染病。结核病已使2亿人死亡；疟疾仅在1997年就与厄尔尼诺现象一起造成150—270万人死亡；登革热于1981年使古巴30多万人患病，至今还时有发生；而埃博拉病毒造成的死亡率则高达78%—88%。此外，伤寒、西尼罗河病毒、梅毒、艾滋病、军团菌等，也都对人类造成极大的伤害。

（摘自：中国网，2009年5月4日。）

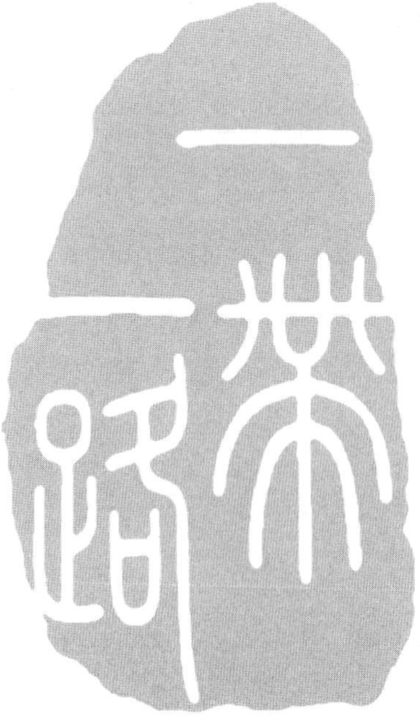
一带一路

为农民"画像"的文学巨匠

——莱蒙特

"一带一路"列国人物传系·波兰名人传

弗拉迪斯拉夫·莱蒙特(Wadysaw Reymont，1868—1925年)，波兰著名作家，20世纪文艺界一颗光彩夺目的巨星。出生在波兰凯尔采，是家里的九个孩子之一。莱蒙特在罗兹度过了童年，并在当地的学校上了小学，后随父亲学琴，1880年去华沙跟姐姐学裁缝，1883年考入了华沙彼得科夫斯基中学。1884年参加一个剧团的演出。1886年在离家不远的车站找到一份调度助理的工作，工作之余，他喜欢读书、写诗和写日记。1893年莱蒙特到华沙居住，开始把精力投入到小说创作中。自1904年开始，莱蒙特相继出版了他的代表作长篇小说《农民》。该书共四卷：《秋》(1904)、《冬》(1904)、《春》(1906)、《夏》(1909)。莱蒙特以四季更迭为背景，以完整而和谐的结构，庄严而充满诗意的语言，表现了19世纪末20世纪初波兰农民的苦难生活和英勇抗争的历史。1924年，他被授予诺贝尔文学奖，获奖理由是"他的民族史诗《农民》写得很出色"。1925年12月5日，莱蒙特病逝于华沙，终年57岁。

01
早年坎坷 立志从文

弗拉迪斯拉夫·莱蒙特的祖籍是波兰凯尔采一个叫基德列的农村，这里虽偏僻，但居民却都很有文化。村里有两座教堂，牧师教育人们热爱祖国，为民族独立斗争。村办学校也优于周边学校，村民都把孩子送来，认为在这里毕业后不仅能学到谋生的本领，而且，也会学到更多的波兰文化，并使之代代传承。莱蒙特的祖父田产不多，却也家境殷实。莱蒙特的父亲从小喜爱音乐，20岁时就去了外地的大科别拉村当了一名教堂琴师。婚后，育有9个孩子，莱蒙特在家里排行老五。

莱蒙特于1868年出生在凯尔采，第二年随父母迁到罗兹附近的杜申村，他母亲祖产的领地居住。他在五岁就开始识字读书，并阅读诗歌和小说，对绘画也很感兴趣。然而，此时，因家道中落，生活困难，他无法上学。其父便亲自教他音乐，希望将来儿子能和自己一样，也当一名教堂琴师。父亲作为一名神职人员，经常领着莱蒙特到各地的农村参加一些宗教慈善工作，所以他从小就对农民的生活状况、思想观念和农村的风俗习惯有深刻的了解。这为他以后以农民为题材的创作，尤其是小说《农民》早早打下了坚实的生活基础。

1880年7月，莱蒙特刚满13岁。父亲见莱蒙特不愿当教堂琴师，就送他去华沙到莱蒙特大姐家学习裁缝，掌握一门谋生的手艺。在姐姐家寄住，没有了父亲的严苛的各种监督，他感觉自由多了。每天干完活，他就埋头读书。小说、诗歌等许多文艺读物，只要能找到的都拿来阅读。大姐夫妇爱好文艺，尤其爱看戏剧，新上演的剧目都要去观看，每次他们都带着莱蒙特。华沙文艺界的情况令他心驰神往。不久后莱蒙特开始尝试着写诗歌。早期主要写他于华沙的见闻，作品往往叙事多于抒情。莱蒙特当了几年裁缝的学徒工，1883年，他因为"精工缝制了一件大礼服"，获得了"技工"称号。

莱蒙特的大哥当时在华沙一大读大三，因参加革命宣传被学校开除。他也在大姐家住的时候常给莱蒙特讲革命的道理，在大哥的影响下，他参加了救援关押在沙俄监狱里的波兰政治犯的行动。为此，1883年年初莱蒙特被当局赶出了华沙回到家乡凯尔采。

在家乡没住多久，莱蒙特就考入了华沙彼得科夫斯基中学。在校期间他继续诗歌写作，除一些政治内容的诗外，还写过一些日常感受的诗歌。

在中学期间他结交了一位和他一样对戏剧表演艺术十分入迷的朋友,从而使他后来彻底改变了生活方式,开始了独自谋生的道路。两人相识后,决心放弃学业,投身于戏剧表演行业里。1884年,莱蒙特和这位朋友一起离开华沙,参加了外地的一个戏剧艺术家协会和它所属的一个剧团。在随后的几年中,莱蒙特随剧团四处奔走,参加了无数场波兰和西欧古典戏剧的演出,但收入微薄,又得不到家里的援助,有时甚至连生活必需品都买不起。尽管条件十分艰苦,但他能全身心投入到所热爱的艺术之中,在精神上得到极大的满足。

1886年,莱蒙特突然回到了父母家里,帮着他们干了两年的农活。然后父亲在离家不远的一个铁路小站,给他找到了一个调度员助手的岗位。每月工资才17卢布。

不久,年轻的莱蒙特情窦初开,竟然爱上了有夫有子的站长妻子斯泰凡尼亚!对方因他聪明又有文化,也很爱慕他。莱蒙特在这段初恋中表现出了极大的热情,也感受到了与异性相爱的莫大幸福,可是由于女方丈夫的干预,两个月后,女方被迫和他断绝了来往。这沉重的打击令莱蒙特想用开枪自杀来结束生命,幸好被及时发现。

1890年2月的一天,莱蒙特按照波兰传统的风俗习惯参加了一次去宗教圣地的朝圣,自那时起他接触到了唯心主义的哲学思想。这时的莱蒙特经历了生活的艰辛和坎坷,又在追求艺术事业的上遭遇挫折，曾一度产生悲观情绪，尤其是这年的9月，母亲的突然病故给他带来极大的悲痛，更使他出现了厌世的思想。绝望的他认为只有进修道院，在那种静寂的环境中，才能得以安心。但莱蒙特毕竟是一位热心于社会事务的作家，他虽然一再表示要进修道院，但最终没有迈出这一步。不过，从当年参与革命活动到后来亲近神学对莱蒙特来说，无疑是个很大的转变。

莱蒙特在火车小站一直工作到1893年。在工作之余，他在读书和写诗的同时也很爱写日记，尤其侧重于写他在铁路工人时的见闻和经历，在车站他所处的那种贫困生活状况，和他当年巡回演出时相比却有过之而无不及。之后，莱蒙特开始发表作品，1892年他首先为华沙的《呼声》月刊写报道，主要介绍他当时所在的工作地域的情况。

事实上，莱蒙特在当铁路工人时就开始创作小说了。在初登文坛的过程中，莱蒙特也并非一帆风顺的。最初的几部短篇小说，编辑部看后虽承认他有写作才能，但认为作品过于暴露真实，存在自然主义倾向，不予发表。

到1892年，他已写成短篇小说《圣诞节前夜》《药剂师》《工作》《死》《母狗》《审判》《佛兰内克》等，但只有《圣诞节前夜》有幸在当年圣诞节期间刊发在《思想》杂志上。虽说它实际是篇散文，但它毕竟是莱蒙特开始创作后发表的第一个作品。

1893年1月，莱蒙特辞去铁路车站的工作，来到华沙居住。他不仅带来了过去创作的所有小说作品的手稿，而且拟定了一个未来的创作计划。从此，他开始把全部精力投入到小说创作中。

02

坎坷的婚姻，善良的为人

早在1892年夏天，莱蒙特因为长时期工作劳累，饮食不调，患上了肠胃病。他曾在罗兹省斯凯尔涅维采县的圣斯坦尼斯瓦夫医院里治疗，并认识了一个也对戏剧表演艺术感兴趣的姑娘安托尼娜·什切盖尔斯卡，他很快就爱上了她。这是他继斯泰凡尼亚之后爱上的第二个女人。莱蒙特曾多次写信给她，对她倾诉爱慕之情。莱蒙特本来打算在1893年攒一笔稿费，到第二年春天和什切盖尔斯卡一起出国旅游，可这时因为另一个女人出于妒忌的挑拨，两个有情人最终不欢而散。

来到华沙后的几年，莱蒙特因为发表了大量作品，引起了华沙文艺界的重视。有了一定声望后，他很快成了贵族文艺沙龙中不可缺少的重要人物。1895年年底，才华横溢又浪漫多情的文艺青年莱蒙特再次爱上了有夫之妇——和他兴趣相投的年轻女士阿乌列莉亚·莎布沃夫斯卡。她比莱蒙特小三岁，是个商人的女儿。当时两人几乎是一见钟情，在她和丈夫还没有办理离婚手续之前，莱蒙特便和她订婚了。但是要让莎布沃夫斯卡和她的丈夫离婚，根据法律，莱蒙特得给对方付出至少1万卢布的赔偿费，这对他来说，一时又办不到，结婚的事就拖下来了。

但他没有放弃，一直加班加点地工作，努力筹集款项。由于长期劳累，1898年9月在巴黎时，莱蒙特患了黄疸病。经过一个月的治疗，莱蒙特的黄疸病虽然痊愈，但他又感到心脏和肺部不适，于是决定去波罗的海的海滨疗养，直到这一年年底才回到巴黎。莱蒙特仍未攒够足以让莎布沃夫斯卡和她丈夫办理离婚手续的钱，因此他决定于1899年春回国。

1900年7月13日，莱蒙特乘火车离开华沙的途中遭遇车祸，莱蒙特从车厢里摔了出去，几根肋骨骨折，脚也摔伤了。他在附近一家医院治疗了一个礼拜后，伤势不见好转，医生建议他到国外去治疗。他又来到了意大利著名的疗养胜地利多。在这里，他每天都必须在医生的指导下做各种复健，这又给他带来了很大的痛苦；而且他在经受了这次大难之后，情绪也一直不好。经过近一年的调养，身体才逐渐恢复。

1902年5月，在付出1万卢布的赔偿费后，这桩从1896年就订婚、一直拖了6年的婚姻才算办成了。可是紧接着这年6月，他的大哥弗兰齐谢克因病不幸去世了。莱蒙特的大哥从他少年时起就一直关心着他，后来他独自出外谋生，哥俩也一直保持着联系。所以他对大哥有很深的感情，大哥的死使他感到十分悲痛，但他又不得不迅速筹办拖了这么多年的婚事，最后他们决定婚礼于7月15日在克拉科夫举行。婚后他和妻子即去国外旅游，先去了柏林，随后又来到了巴黎。为了恢复健康，同时也想找到一个安静的地方进行创作，莱蒙特决定和妻子一道来到了贝格梅尔。到这里后，莱蒙特夫妇高兴地发现这里也有许多像巴黎这样的大城市所不具备的优点：周围是大海，陆地上遍布森林，形成了内地没有的天然美景，而且这里空气新鲜，气候宜人，夏天又是一个避暑的好地方。他们在这里租了一套很好的房子，一直住到10月初才回巴黎。

回到巴黎后，莱蒙特发现大姐卡塔任的儿子、自己的外甥米耶泰克·雅基姆维奇很有绘画的才能，他非常赏识他，就用自己在铁路局所得的一部分事故赔偿费资助他去国外学习。这个小伙子后来学有所成，一直和莱蒙特夫妇保持着密切的关系。

莱蒙特不仅十分关心和照顾自己的晚辈，他对朋友也很慷慨，懂得感恩。在他文学创作生涯的早期，一位编辑曾要他多读世界古典文学名著，以提高自己的文学修养。莱蒙特认为这个指点为他的创作走向成熟，指出了一条正确的道路，因此一直很感谢这位编辑，并且始终把他的教诲铭记在心。后来听说他的弟弟写了一部学术著作想要在法国出版，但是苦于没有经费，莱蒙特便借了6000法郎，马上给他寄去。

03

创作伟大史诗，无奈英年早逝

1910年前后，在结交了许多文艺界的朋友的同时，莱蒙特作为一个有声望的作家，应波兰各界的邀请，参加了不少爱国活动。普鲁士当局为在其占领区执行日耳曼殖民政策，曾成立一个委员会，莱蒙特曾通过各种舆论工具揭露其成立的罪恶目的。20世纪初，一些知识分子在沙俄占领区秘密成立一个爱国的教育组织——"学校之母"，目的是要在青少年当中普及波兰民族文化。一战后，莱蒙特积极组织和参加这个组织的活动，很受学生和家长的欢迎。这个时期，他还参加华沙公民中央委员会，做了许多救援受难同胞的工作，其中就包括参加一系列救援无家可归的波兰文学艺术家的活动。由于贡献巨大，成绩突出，1917年，他当选为华沙审慎支援文学家和记者基金委员会主席（即日后的波兰作家和记者协会），在20年代初，莱蒙特也一直担任此职。

当时波兰的稿费标准很低，因此莱蒙特虽然创作颇丰，但收入一直微薄。莱蒙特是一位一辈子也脱离不了农民的作家。在《农民》中他全面深刻地揭示了波兰现代农民的生活状况。在《一七九四》中他又明确地指出了农民是争取波兰民族解放斗争胜利的决定性力量。《前线》中的作品主要反映的是农民在战争中的遭遇。莱蒙特生来对农民就有一种特殊的感情，这在他所有作品里都有过自然的流露。因此，他是一位名副其实描绘农民生活的大师。

波兰独立之初，莱蒙特心情大好。作为在国外侨民中有着崇高威望的著名作家，他两次受邀访问美国。第一次是1919年2月，他以外交使节的身份参加为新生的"第二共和国"宣传的代表团。在美国期间，他对在访问波兰移民中所了解的情况感到十分满意。同时，他认识了不少侨居美国的波兰文艺界的人士和美国出版商，也和当地的几个刊物取得了联系。这对他的作品在美国翻译和出版大有帮助。1920年4月，波兰政府组团赴美，调查纸币发行和借贷情况，莱蒙特因为在美国有较好的人际关系，有利于开展工作，故而再次受邀访问美国。这次，他参观访问了华盛顿、纽约等地，对侨民发表演说，做了许多工作。同时他还专门收集了许多有关侨民历史和现状的资料。

回国后的几年里，他除了构想一部反映波兰移民生活的长篇作品外，还创作了几个短篇作品，如《回国》《忏悔》《被告》等。这些作品虽然写出了侨民生活的艰难和对祖国的思念，但多少也反映了莱蒙特对独立后的波兰产生的不满情绪。这也许和他后来个人的身体状况每况愈下有关，但最大的可能是他在现实中看到许多令他不满的现象。当时波兰通货膨胀，物价飞涨，人民生活水平急剧下降，各地罢工遭到政府镇压，双方流血冲突不时发生。这一时期，是莱蒙特一生对现实表现得最为悲观失望的时期。他看到独立后的波兰劳动人民不仅未获解放，反而陷入更加苦难的深渊。虽然这样，但他在生活中并没有颓废或厌世，作为一个爱国主义作家，无论怎样，都不会改变他为社会公益事业积极献身的态度。进入20世纪20年代，在他生命最后几年中，他虽一直被疾病所苦，可他仍长期任波兰文学家和记者协会的主席。1920年又参加了波兰文学家联盟理事会，为帮助收入少和病残的会员解决物质生活上的困难等方面做了许多工作。与此同时，他还与别的作家和评论家共同发起成立第一波兰文学院。

1924年12月10日，按照诺贝尔文学奖授奖仪式的惯例，瑞典国王要出席，获奖者及亲属、所有朝臣，政府官员和外国使节将一同参加。但遗憾的是，由于莱蒙特因病未能到场，仪式没能举行。一位友人代莱蒙特领取了获奖证书和一块纯金奖章，还有116,718瑞典克朗的奖金。随即，友人便把这些东西寄给了当时正在法国尼斯治病的莱蒙特。莱蒙特在得到自己获奖的消息后很高兴，他说："我一下子就成了自己民族的骄傲啦！"莱蒙特获奖的消息在国内外传开后，从各处发来的贺电、登门拜访的人和媒体报道络绎不绝，总理、议员等人也亲临致贺。莱蒙特一时间成了波兰国内外头号新闻人物。

1925年8月15日，人们在莱蒙特的家乡举行了一次盛大的庆典，因为这一天是宗教的丰收节，它既是农民的节日，也是全民族的节日。这是莱蒙特一生中参加的最后一次社会活动，也是他最后一次在公众面前露面。此后，他的病情迅速恶化。

1925年12月5日凌晨，波兰伟大的农民作家莱蒙特因患心脏病在华沙逝世，享年57岁。12月9日，波兰为他举行了隆重的国葬，成千上万的市民前来瞻仰他的遗容，参加护送灵柩。从圣约翰大教堂到波文兹科夫斯基名人公墓的队伍人数很多，波兰农民的代表、各地群众，还有当时的波兰政府总统、总理等政府要员也到场参加，途经的两个著名广场也分别举行了告别仪式。波兰的著名学者、文学家等先后发表了盛赞莱蒙特的演说，无不称赞他的一生最伟大的功绩就是使波兰农民万世流芳。至今，莱蒙特的心脏和著名音乐家肖邦的心脏一起被安放在华沙圣约翰教堂的一根圆柱里，供人们纪念凭吊。

莱蒙特的作品在波兰的读者中备受欢迎，其作品全部出版过单行本或不同版本的全集，特别是其主要作品《福地》和《农民》的出版次数更是无法统计。他的作品的外文译本也是十分可观。20世纪初至20年代，在他健在时期，他的作品就陆续被译成欧洲几种主要的文字得以出版。逝世后，他几乎全部的作品都被译成27种文字，先后在二十几个国家出版发行，至今仍受到世界各国人民的推崇和热爱。

（刘桂生）

参考资料：

张振辉：《莱蒙特：农民生活的杰出画师》，长春：长春出版社，1995年版。

延伸阅读:

莱蒙特:农民生活的杰出画师

作者:张振辉

一、历史使命和历史必然

应当说,小说《农民》的产生是历史的必然。在19世纪,对波兰农民来说,有三件最重要的大事,即波兰王国爆发的一月起义、1846年在奥地利占领区加里西亚爆发的农民起义和1848年在波兹南爆发的反普鲁士压迫的民族起义,一月起义导致波兰王国的农奴解放。

在这种情况下,在19世纪末的波兰农村,便出现了从未有过的繁荣兴旺而又矛盾重重、危机四伏的局面。由于波兰农村社会状况的巨大变化,以及农民在波兰国家和民族事务中起着愈来愈大的作用,使得许多作家在19世纪下半叶都对农民问题产生了很大的兴趣。莱蒙特作为作家,在19世纪90年代创作中短篇小说时,就对农民问题很有兴趣,也成功地创作和发表了一系列农村题材的小说。那时候,他就打算写有关农民题材的长篇小说。他之所以将小说定名为《农民》,并且分为《秋》《冬》《春》《夏》四卷,就是说他要按农民最适应的一年四季的时间顺序，创作一部最全面地展示他所生活和创作的那个时代波兰农村社会状况的作品。如果说他的前辈作家的那些作品大都只是从一个侧面反映波兰农村生活的话，那么他的《农民》就是一部波兰农村包罗万象的生活画卷，一部波兰农民的历史史诗。为了这部长篇四部曲的创作，莱蒙特的身心曾因长时期的劳累，付出了极大的代价，但也充分地表现了他作为一位天才作家对社会生活敏锐和深刻的观察力和他那无与伦比的艺术天赋。所以这部史诗小说的创作对他来说，不仅是历史的必然，也是历史赋予他的伟大的使命。

莱蒙特为了《农民》的写作和发表，从1897到1909年前后花了差不多11年的时间。

第一卷是在华沙、巴黎和克拉科夫等地写成的。有时他为了找到一个安静的地方进行写作，甚至回避了和友人的交往，因此他的一些朋友常说"莱蒙特不见踪影了"。小说以后各卷是莱蒙特结婚以后写的，那时他和妻子长期住在巴黎，有时也去贝格梅尔海滨，因此作品主要是在这些地方写出来的。

许多年后，莱蒙特回忆起创作《农民》的时候，很有兴致地谈道："至此我深深地体会了每一章，书中每一个场景都是从我心里挖出来的。我常常把自己弄得精疲力尽……我把全部身心都献给了这种热情，一直到我最后的喘息。"

这些具体而又生动的记载可以充分地说明，他在创作《农民》的时候，对他所见到的波兰农民表现了衷心的热爱，这是他对农民一贯的态度。他不仅永远以极大的热情投入到他的农民题材的创作，而且为此付出了他的全部精力。在那个年代，每当书中像安泰克、汉卡和雅格娜那些人物和农民举行婚礼的场景出现在他的眼前时，他该是多么激动不已，他那永不衰竭的灵魂和泉涌般的文思使得他宁愿牺牲他的健康而坚持不懈地忘我工作。正是这种伟大的智慧、精神和力量，才使他成功地创作出了这部在波兰文学史上具有划时代意义、同时享誉世界文坛的不朽杰作。

1905年的革命对莱蒙特是有一定影响的，小说中他通过人物的塑造，充分表现了书中人物对当时处于被压迫地位的劳动人民的热爱。正是出于这种热爱，他才得以将他们崇高的思想、优秀的品德和聪明的才智那么真实和生动地表现出来，而他对于这些人物的刻画，又脱离不了他在小说中反映的20世纪初波兰农村的民族矛盾和阶级斗争这一广阔的背景，所有这些人物的不同特点，又是在这个大的背景中表现出来的。这种以点带面、点面结合的创作构思使得他笔下所出现的画面就包含了整个时代内容的广度和深度了，这就是作者创作这部史诗作品的成功之处。

在《农民》中,莱蒙特不仅以广阔的历史背景,深刻揭示了波兰农村的时代面貌,而且通过一个富于典型性的富裕农民家庭的变迁,又真实地反映了这个在当时波兰农村占统治地位的阶级在特定现实中的命运。

从小说广阔展示的波兰农村社会生活的图景可以看到,不管是在各个社会阶层之间,还是在一个家庭的内部,各种矛盾所集中的焦点都表现在土地的争夺上。村民在和占领者争夺土地的斗争中表现了他们的爱国主义和英雄主义,而他们相互之间对土地的争夺则是为了自己的生存和发展,作为一个农民,祖祖辈辈生活在这块土地上,他是离不开赖以生存的土地的。因此,这就使他对土地产生了一种自然而又深厚的感情。在小说中,无论是作者所厌恶的人物,还是所喜爱的人物都充分地表现了这种感情,小说再现历史和塑造人物的真实性和深刻性就表现在这里。

作为一部史诗作品,《农民》除深刻地揭示了波兰农村在20世纪初特定历史条件下的经济发展的面貌、政治斗争的形势和人民的生活状况之外,农民的传统文化和习俗当然也在它的视野之内。小说对农村风俗的描写范围很广,如农民的劳动生活、婚丧大事、各种宗教节日的礼拜仪式和宗教习俗,还有农村酒店、集市和娱乐活动等都无所不包。它们反映在小说中,就像它们的本来面貌那样,既丰富多彩,又互相联系，形成了一幅包罗万象的农村日常生活的图景。波兰从它于公元966年开始建国就接受了罗马基督教，因此许多世纪以来，宗教信仰在波兰城乡早已深入人心，成为人民传统文化和习俗的一个主要的组成部分。莱蒙特自幼生活在波兰社会的下层，又几次去波兰宗教圣地辛斯托霍瓦朝圣，对这一文化和习俗当然是深有了解的。

纵观小说的全貌，可以看出波兰农民问题是一个十分复杂的问题。在莱蒙特笔下，他们既富于智慧和勇敢，又表现得十分粗野，既有很高的文化水平，又显得愚昧，这是因为他们长期信仰宗教的结果。但不管怎样，在20世纪初，波兰农村社会的迅速发展，尤其是在革命形势发展的影响下，他们已经形成了一种不可忽视的力量，担负起了改造世界的历史使命。

二、绚丽多姿的风景画

风景画是《农民》中重要组成部分，也是作家的艺术手法和审美情趣的集中表现。莱蒙特把小说分为《秋》《冬》《春》《夏》四卷，就是要把一年四个季节的气候变化，以及由此而造成的景物的变幻栩栩如生地勾画出来；季节的变化不仅改变农村的面貌，而且对农民如何适时地耕种和收割，也起了决定性的作用，因此作者按序描写秋、冬、春、夏的景物，就表现了农村最大的特点。

莱蒙特在这里绘出了大自然的千变万化，显示了大自然的魅力和威严。在这一幅又一幅变幻着的自然景象的生动描写中，读者可以让自己好像置身于大自然中，在经历了春夏秋冬四个季节之后，看到了大自然的全貌，他为它的绚丽多姿、变幻莫测而惊异和陶醉。他永远也脱离不了这个包罗万象的大自然。像莱蒙特这样，以其"天才之笔"，能够真实展现大自然全貌的创作艺术，在波兰文学史上还没有见过。莱蒙特写景的手法是多样化的，他不仅善于客观地写，而且他还常用拟人化或者物化的手法来描写景物，这种纯客观地描摹景物甚至具有更大的形象性和可感性。有时他在根据小说情节发展的需要，通过写景以烘托人物思想感情的变化，或者以景比喻人或以人比景的手法，不仅勾画出千姿百态的风景画，而且以多种形式表现了人物的个性。莱蒙特最擅长的是以写景来象征农村大事件发展的经过和农民生活中所发生的重大的转变，从而形成一种磅礴的气势。

这一幅又一幅的高于表现主义特色的图像似乎也在告诉读者，在列普采村天灾人祸已经来临，这剧烈的暴风雪就要吞食大地。然而莱蒙特并不是一位表现主义作家，他对景物描写虽然受表现主义的影响，但他并没有预示在列普采村将要发生巨大的灾变。作为一位伟大的现实主义者，他不可能对历史发展的过程去做歪曲的描写，相反，他笔下这一幅又一幅很富于表现力的图景,由于衬托了列普采村农民的苦难,具有震撼人心的魅力。小说的细节描写也很有特色。这种描写的方式很多,而且都能达到某种艺术效果。

《农民》是一面时代的大镜,它包罗万象地照出了这个时代人们的生活、斗争、思想、情趣和他们所处的环境,并且赋予它们以浓郁的诗情画意。《农民》也是波兰农民生活的百科全书,它把波兰农民生活的历史面貌和社会内容最全面和深刻地反映出来,使它成了一部波兰农村的形象历史。正如上面提到的瑞典科学院为授予莱蒙特诺贝尔文学奖而发表的评语中所说:"作品史诗般的广袤还有赖于作家信手拈来的天才之笔——作品的以四季循环的形式出现的结构。秋、冬、春、夏有如交响乐的各个部分,组成一曲和谐而富有对比性的强有力的生命赞歌。"莱蒙特正是以他的《农民》这首"强有力的生命赞歌",使他成为赞颂波兰农村无与伦比的伟大歌手。

(摘自:张振辉:《莱蒙特:农民生活的杰出画师》,长春:长春出版社,1995年版。)

波兰"白求恩"

——傅拉都

"一带一路"列国人物传系 · 波兰名人传

白求恩在中国家喻户晓，他是加拿大医生，共产党员，曾参加过 1936—1939 年的西班牙反法西斯战争，此后来华援助中国人民的抗日战争，在中国战场上不幸以身殉职。而在波兰，有位医生的经历与白求恩非常相似，不同的是他一直战斗到了抗战胜利，而且在新中国成立后又来华工作。这个人就是傅拉都。

傅拉都，原名斯坦尼斯瓦夫·傅拉托（Samuel Flato，1910—1972 年），波兰华沙人，中文名字叫傅拉都。他出生于波兰华沙一个犹太家庭，1929 年考入华沙大学法律系，不久赴法国巴黎大学学医，在那里加入了犹太人大学生左派组织——"斗争"，后又参加了波兰共产党和法国共产党。1936 年西班牙内战爆发，傅拉都参加反法西斯国际纵队，前往西班牙。1939 年 8 月，傅拉都作为医疗队负责人，率领九名国际纵队医护人员前往中国，支援中国人民的抗日战争。1940 年中国红十字会救护总队把医疗队派往各战区，傅拉都担任 691 医疗队队长，奔赴湖南、湖北战场。他所参加和领导的国际医疗救援队在战场的前线和敌后救治了无数人的生命，为中国的反法西斯斗争作出了重要贡献。被他救治过的中国人称他为波兰的"白求恩"，或称誉他是"神医华佗"。他既是一位救死扶伤的医生，也是一位无私无畏的国际主义战士。2016 年 6 月 17 日，在对波兰进行国事访问前夕，习近平主席在波兰《共和国报》发表题为《推动中波友谊航船全速前进》的署名文章,文章中讲述了五个中波友好故事,其中就包括国际共产主义战士傅拉都。

01

以医从戎的国际主义战士

1936年西班牙内战爆发,傅拉都毅然参加了由各国共产党员和左翼人士组成的反法西斯国际纵队,前往西班牙援助共和民主力量。西班牙内战结束后,他于1939年3月率领一支纵队撤退到法国。

在挪威救援中国与西班牙委员会安排下,1939年8月,傅拉都作为医疗队负责人,率领九名国际纵队医护人员前往中国。他们是:波兰医生陶维德、戎格曼及夫人、甘理安及夫人甘曼妮,捷克医生柯理格,苏联医生何乐经,匈牙利医生沈恩,罗马尼亚医生柯列然。傅拉都医疗队于9月13日到达香港,受到保卫中国同盟领导人宋庆龄的迎接。随后,在"保盟"的安排下,他们绕道越南海防进入广西,于10月16日抵达中国红十字会救护总队驻地——贵阳图云关。傅拉都被聘为中国红十字会救护总队顾问,担任卫生勤务指导员，后又受聘为691医疗队队长，率队奔赴湖南、湖北战场，积极救护伤病员。在湖南湘阴，傅拉都还举办了一个军医训练班，培养了诸多中国学员。

02

与中国共产党人的战友情谊

傅拉都率领的医疗队中多数人是共产党员，因此他想方设法与中国共产党取得联系，要求去根据地工作。为此，傅拉都与八路军贵阳交通站负责人面谈过数次。1940年夏，傅拉都在重庆会见了中共代表周恩来，提出要与八路军一起抗日。周恩来向他们解释道，只要在抗日战线工作，无论在哪个地区，都是支持中国抗日战争。在此期间，傅拉都和他的战友们多次去重庆，还认识了董必武、邓颖超、王炳南等人，并为八路军办事处许多人治过病。

傅拉都与王炳南有过一段生死之交。据傅拉都的女儿克里斯蒂娜回忆："父亲在中国工作，很快就能说流利的中国话。有一次，父亲听到国民党特务密谋逮捕中共党员王炳南，那些人不知道他能听懂，于是父亲以最快速度将此事告诉周恩来。周恩来请父亲帮忙，父亲随后用救护总队的车，帮助王炳南成功逃脱。"当时，傅拉都身穿红十字会救护总队制服，又有外国医生的特殊身份掩护，持有来往各地的护照，利用救护总队的汽车将王炳南安全地护送到重庆八路军办事处。周恩来对傅拉都表示感谢，并决定将王炳南的身份公开，任命他为八路军办事处上校秘书。

03

战斗在印缅战区

太平洋战争爆发后，世界反法西斯同盟正式建立，决定在欧洲开辟第二战场，在亚洲实行"远东战略计划"。按此计划，英、美联军进入缅甸、印度作战，中国则派出远征军，与英、美军协同夹击日军，打通滇缅公路。不久，救护总队抽调人员组成三个医疗队，于1942年3月20日从贵阳出发赴缅。1943年11月20日，中缅印战区司令史迪威将军致函中国军方：请派在华中国红十字会外援志愿医师八至十人至印度兰姆伽医院服务。经救护总队确定，傅拉都与另外九人组成医疗队，首批派往印度，领队就是傅拉都。医疗队于当年12月31日抵达印度加尔各答，此后在印度、缅甸前线工作一年零八个月，直到日本投降。

04

凝结中波友谊的使者

抗日战争结束后不久，傅拉都从兰州乘飞机经苏联回到祖国波兰。

20世纪50年代初，东欧一些国家出现肃反扩大化的现象，傅拉都也受到审查，被关进了监狱。曾经奋不顾身援助中国的傅拉都得到了中国的救助。傅拉都的女儿克里斯蒂娜回忆道："1954年7月，周恩来总理到波兰访问，向波兰领导人提出要看望老朋友傅拉都。于是，父亲立即被释放，搬进波兰总统府附近一所高级住宅。"1955年，王炳南出任中国驻波兰大使。他发现，年富力强的傅拉都竟然处于"被冻结"状态，闲散在家。波方称是因为傅拉都历史问题没有审查清楚。王炳南细问之下，才知道是指抗战时他在中国国民党统治区的工作经历。王炳南立即向波兰共产党中央提供了傅拉都在中国的相关材料，冤案才得以澄清。

经中波商议，1957年，傅拉都出任波兰驻华使馆公使衔参赞，带着妻子儿女重返曾经战斗过的中国，其后在中国工作七年，走遍了中国各地，与周恩来、董必武等老一辈革命家的友谊进一步加深。有一次出差路过株洲、衡阳,他坐在火车上目不转睛地向窗外眺望,激动地对中国翻译说:"你知道吗?这里的每一块土地,几乎都有我的足迹。"

1964年,傅拉都回到波兰,在波兰外交部担任主管中国事务的副司长。在中苏关系恶化影响中波关系的情况下,傅拉都极尽所能维护中波关系。1967年以色列与阿拉伯国家发生"六日战争",苏联、东欧各国与以色列的关系急剧恶化,波兰也出现了反以、反犹情绪,身为犹太人的傅拉都被视为有"亲以"嫌疑而遭到解职。1972年8月2日,傅拉都因患癌症辞世。

05
中国人民没有忘记他

中国人民没有忘记傅拉都。直至21世纪以来,波兰驻华使馆还保留着博拉都在中国任职时所住房间的原貌。傅拉都的女儿曾带领她的儿子重游北京,在当年父亲的住所依然感慨中国人民与父亲保持的情谊:"40年过去了,使馆的人一直记得他。"

1996年10月9日,在首都北京,中国国际友人研究会会长黄华在"西班牙反法西斯战争国际纵队成立60周年纪念会"上对傅拉都等参与国际纵队、援华医疗队的外籍医生们为中华民族抗日战争作出的贡献予以高度肯定和赞扬。傅拉都的战友、保加利亚医生甘扬道和克鲁格医生作为代表参加了这次大会。

2001年,研究国际历史与政治的学者主编《犹太人在中国》,傅拉都的好友爱泼斯坦——一位在抗战时期向世界各国报道中国人民抗战情况、支持世界反法西斯战争的波兰籍记者,为他的画册作序,他写道:"一批曾参加1936年至1939年西班牙内战的反法西斯国际纵队的医生后来也来到了中国,投入了反抗日本侵略的斗争。他们总共约20多人,都来自中欧和东欧,其中一半以上是犹太人,包括领队斯坦尼斯瓦夫·傅拉托(傅拉都)医生。"

2015年8月,世界反法西斯战争暨中国抗日战争胜利70周年,傅拉都的女儿克里斯蒂娜和当年的援华医疗队的甘扬道、白乐夫等医生的后裔代表们在中国红十字会救护总队旧址——贵阳图云关应邀参加了"抗战胜利70周年暨国际援华医疗纪念活动",并受到了习近平主席的接见与亲切问候。

2016年11月22日,上海社会科学院举行了"纪念西班牙国际纵队成立80周年:缅怀中国人民的伟大朋友傅拉都医生"的学术报告研讨会。这次研讨会不同以往,除表彰援华医疗队为中华民族抗战作出的无私奉献，还以傅拉都为主题，对傅拉都个人做了全面而深入的介绍，让中国人民进一步认识到了他不仅在援华抗日中作出了贡献，而且在抗战结束后，在中波关系周折时期为中国与波兰、与国际外交的顺利发展作出了努力。

2016年6月习近平主席访问波兰，在波兰媒体发表的文章《推动中波友谊航船全速前进》中回忆道："第二次世界大战期间，两国人民彼此同情、相互支持，结下深厚友谊。傅拉都、戎格曼等波兰友人不远万里来华，为中国抗日战争提供医疗支援。"

（秋歌 关珍珍）

延伸阅读：

国际援华医疗队：抗战中一支不能忽视的人道力量

抗日战争是中华民族的壮举和惊天动地的伟业，也是中国红十字运动史上的里程碑。在这场攸关中华民族生死存亡的战争中，中国红十字会（包括总会及所属地方分会）各级会员，义无反顾地投入抗战的人道救援中。

红十字运动起源于战争。国际红十字的诞生来自战争的强力推动，那场战争就是1859年发生在意大利的索尔弗利诺之战。中国红十字会的诞生，同样得力于战争的强力推动，这场战争就是1904年发生在中国领土上的日俄战争。因此，战争救护成为红十字会的天职。事实上，中国红十字会自诞生以来，一直出生入死，在战火纷飞的硝烟中救护伤兵难民，辛亥革命、二次革命、护国战争、北伐战争等的枪林弹雨中，都留下其闪光的足迹。抗战救护，红十字会更是责无旁贷。从"九一八"事变到抗战胜利，中国红十字会努力动员，全力以赴开展战事救护。

1932年1月28日，日本海军陆战队向上海发起大规模的军事进攻，"一·二八"事变爆发。蔡廷锴所部十九路军决死抵抗，誓与上海共存亡。从1月28日到3月2日，与敌激战数十次，战事惨烈。上海为中国红十字会总会所在地。战争一打响，中国红十字会迅速做出反应，组织救护队，冒着枪林弹雨，救护伤兵难民。在长达3个多月的救护行动中，中国红十字会共组织21支救护队，设临时伤兵医院43所，难民收容所5处，共救护伤兵8600多人，收容难民53100多人。

淞沪战场的硝烟尚未散尽，东北告急。1933年1月3日，被称为"天下第一关"的山海关被日军攻陷，战火在长城脚下蔓延。中国红十字会闻讯后，除参与"上海各慈善团体赈济东北难民联合会"工作外，迅速组织起由50多人参加的"东北救护队"，2月3日乘火车北上，并纳入2月14日在北平成立的"中国红十字会华北救护委员会"系统。长城抗战中，华北救护委员会将救护队分编成12组，分别派往康庄、喜峰口、通州等处救护伤员，同时在帅府园、冯庸大学设救护医院。长城抗战于5月结束。两个多月中，中国红十字会华北救护委员会所隶各救护队救治伤兵7486人，"工作极佳"。

1936年11月，绥远抗战爆发。11月18日，中国红十字会联合上海市商会、上海市地方协会发起成立"绥远剿匪慰劳救护委员会"，为绥远抗战提供后援支持。19日成立"中国红十字会绥远经济委员会"，募集救护经费，并组织救护队驰赴前线，开办临时医院救治伤兵。到12月中旬，"前线一带，已布遍红十字会之旗帜。"[1] 同时，根据前线所需，中国红十字会广泛"征募救护材料""急救药囊"。当年12月25日、1937年1月20日、2月10日分三批将募集到的大宗药品器械433件、急救包20余万只运往绥远前线，为医疗救护提供了有力的保障。"鉴于绥远战区附近难民綦众"，中国红十字会"特先捐助拾万元，设立难民收

---

[1]《红会前方电告需要救护药品》，载《申报》，1936年12月14日。

容所",[1]给予难民以人道关怀。

1937年全民族抗战爆发后,中国红十字会调集救护力量,驰赴华北前线。[2]8月13日,淞沪会战,中日双方再次在上海展开激烈鏖战。中国红十字会组建救护队10个,急救队12个,临时救护医院24所和"特约医院"16所,进行全面救护。"综计自二十六年(1937年)八月十四日至二十七年(1938年)四月三十日完全结束止,由上海市各医院收容兵民一万九千五百三十九名,由伤兵分发站运送后方各地者计七千一百二十八名,由前线直接运送后方各地者一万七千七百二十二名,合计先后救运受伤兵民凡四万四千三百八十九名"。[3]10月12日,中国红十字会会同旅沪各国名流组织中国红十字会上海国际委员会,设南市难民区,在法国神父饶家驹的主持下,收容难民。至1940年6月,30万中国难民受到保护与救助。[4]这一模式在南京、汉口等地得到"复制"。"南市难民区"案例与西班牙案例,共同催生《日内瓦第四公约》即《1949年8月12日关于战

---

[1] 《中华民国红十字会总会工作概况报告》,上海市档案馆藏档,档号Q0—12—611。
[2] 《红会救护队今日出发》,载《申报》,1937年8月5日。
[3] 中国红十字会总会编:《中国红十字会历史资料选编,1904—1949》,第505页。
[4] 彭望荃:《上海国际红十字会报告》,上海市图书馆藏,旧档信字第109号。

时保护平民的日内瓦公约》的诞生。

同年 12 月 13 日南京沦陷后，日本侵略军进行了灭绝人性的血腥大屠杀。中国红十字会南京分会会员和员工，奋不顾身地救护伤员，并设施粥站，向妇孺难民施粥，在阴森恐怖的险恶环境中，对战争受害者提供力所能及的人道救助。掩埋死难者尸体，以慰亡灵，义不容辞。据统计，从 1937 年 12 月至 1938 年 5 月底，半年中，中国红十字会南京分会共掩埋尸体 22,371 具。[1]

1938 年春，中国红十字会救护总队部在汉口宣告成立。救护总队部是中国红十字会"专负军事救护之机构"，[2] 它的成立，翻开了抗战救护新的一页。救护总队部从成立至抗战胜利后于 1946 年 5 月撤销，其间因战事关系，先迁长沙，继迁祁阳，最后迁至贵阳图云关。作为抗战救护的中枢，救护总队组织医疗、医护、医防、急救、X 光等队，遍设全国各战区，全盛时有 150 支，医护人员多达 3420 人，同时保有救护汽车 200 辆，卫生材料库 11 个，"规模之盛达于

---

[1] 《中国红十字会南京分会关于难民救济工作概况》，中国第二历史档案馆档案，全宗号 476，卷号 3118。
[2] 胡兰生：《中华民国红十字会历史与工作概述》，载中国红十字会总会编：《中国红十字会历史资料选编，1904—1949》，第 506 页。

极点"。[1] 各大战役，红十字会几乎无役不从。救护概况，从1938年1月至1945年9月，据统计，外科方面：手术119,856人次，骨折复位35,522人次，敷伤8,784,731人次；内科方面：住院人数2,142,997人，门诊军人2,481,685人，门诊平民2,002,996人，预防接种4,632,446人；其他：X光照相5,631人，X光透视52,798人，灭虱人数792,148人次，灭虱物数3,881,176件，检验226,593人次，特别营养934,833人可谓业绩辉煌。

中国红十字会以"博爱恤兵，救死扶伤"为宗旨，恪尽职守，他们中有不少人因此献出了宝贵的生命。在红会史料中，有这样一份"追思录"，登载"殉职员工"和"积劳病故"者名录，其中因公殉职的红会人员有47人，积劳病故者67人。[2] 这些为人道事业而献出生命的勇士，仅仅是抗战中无私奉献的红十字人中的一部分。

在全民族抗战过程中，中国红十字会以抗战救护为中心，汇聚人道力量，以巨大的牺牲精神投身保家卫国战争的救援中，谱写出一曲曲激昂乐章，彰显出人道的光辉，也得到社会各界的盛赞，"其伟绩宏效，历八年抗日战事而益显"历

---

[1] 胡兰生：《中华民国红十字会历史与工作概述》，中国红十字会总会遍：《中国红十字会历史资料选编，1904—1949》，第520页。
[2] 同上，第506页。

史不能忘却这支人道力量。

（摘自：池子华：《国际援华医疗队：抗战中一支不能忽视的人道力量》，载《光明日报》，2018年1月24日。）

Chapter 08

诗坛"莫扎特"

——辛波丝卡

"一带一路"列国人物传系 · 波兰名人传

维斯瓦娃·辛波丝卡(Wislawa Szymborska，1923—2012年)，当代最迷人的诗人之一，诺贝尔文学奖获得者，波兰的国民偶像。出生于波兰科尼克，她5岁就开始作儿童诗，8岁时移居波兰南部城市克拉科夫。1945年至1948年间，在克拉科夫的雅格隆尼安大学修习社会学和波兰文学。1945年3月，她于《波兰日报》副刊发表第一首诗作《我追寻文字》。1948年因经济困窘，被迫放弃学业。1952年出版《存活的理由》。1953年至1981年，担任克拉科夫《文学生活》(Zycie Literacia)周刊的诗歌编辑和专栏作家。1967年《一百个笑声》出版。1972年的《只因为恩典》和1976年的《巨大的数目》更见大师风范。1986年《桥上的人们》一经出版，格外引人注目，1996年获得诺贝尔文学奖。2012年2月1日因肺癌逝世于克拉科夫，享年88岁。

《纽约时报》称，虽然她的诗不能改变世界，但世界将因她的作品变得不再一样，其诗作被称为"具有不同寻常和坚韧不拔的纯洁性和力量"。辛波丝卡是波兰最受欢迎的诗人，她一生创作了20本诗集，公开发表的诗歌约400首。2012年2月初，辛波斯卡去世时，波兰总统悼念她说，几十年来，她用乐观、对美和文字力量的信仰，鼓舞着波兰人。

01
对诗歌一见钟情

他们彼此深信

是瞬间迸发的热情让他们相遇。

这样的确定是美丽的,

但变化无常更为美丽。

他们素未谋面,所以他们确定,

彼此并无瓜葛。

但是,自街道、楼梯、大堂,传来的话语——

他们也许擦肩而过,一百万次了吧?

我想问他们是否记得——

在旋转门面对面那一刹?

或者在人群中喃喃道出的"对不起"?

或是在电话的另一端道出的"打错了"?

但是,我早已知道答案。

是的,他们并不记得。

他们会很讶异,

原来缘分已经戏弄他们多年。

时机尚未成熟,

变成他们的命运,

缘分将他们推近、驱离,

阻挡他们的去路,

忍住笑声,

然后,闪到一旁。

有一些迹象和信号存在,

即使他们尚无法解读。

也许在三年前

或者就在上个星期二

有某片叶子飘舞于肩与肩之间?

有东西掉了又捡了起来?

天晓得,也许是那个消失于童年灌木丛中的球?

还有事前已被触摸、层层覆盖的门把和门铃。

检查完毕后并排放置的手提箱。

有一晚,也许同样的梦,

到了早晨变得模糊。

每个开始,

毕竟都只是续篇,

而充满情节的书本,

总是从一半开始看起。

这就是这位女诗人的经典佳作——《一见钟情》。

由著名翻译家林洪亮翻译出版的波兰女诗人辛波丝卡的爱情诗集《一见钟情》，让读者看到了经典之于流行文化的影响。著名漫画家几米多次坦承："诗人辛波丝卡的诗总是给我创作的灵感。"

辛波丝卡的诗歌因为关注微小的生物、常人易忽视的物品以及一些边缘人物，而被广大诗歌爱好者喜爱。而她诗风的明澈、清朗，又使得她享有"诗坛莫扎特"的美誉。

辛波丝卡同时也是位杰出的翻译家，她曾将许多优秀的法国诗歌翻译成波兰语，其诗作被称为"具有不同寻常和坚韧不拔的纯洁性和力量"。她是第三位获得诺贝尔文学奖的女诗人，第四位获得诺贝尔文学奖的波兰作家。2001年辛波丝卡成为美国文学艺术学院名誉会员，这是美国授予杰出艺术家的最重要荣誉。她的诗歌大部分是沉思，但也谈到死亡、酷刑、战争，也因其凝练、清澈、悠游从容的风格而享有"诗坛莫扎特"的美誉。

辛波丝卡于1923年出生在波兰波兹南省库尔尼克小镇布宁村的一个知识分子家庭。辛波丝卡出生时，波兰刚摆脱第一次世界大战的阴影。她和同时代的其他波兰人一样，刚刚步入豆蔻年华，就尝到了法西斯战争的折磨和痛苦。1931年，她八岁时全家迁往波兰南部的克拉科夫，从此就一直生活在克拉科夫在这座南方大城。据辛波丝卡回忆，在她童年时代的家庭生活中，谈论最多的话题就是读书。她五岁就开始写作儿童诗，父亲是她的第一个热心读者。

第二次世界大战期间，辛波丝卡在地下秘密学校完成了中学学业，随后在铁路部门工作。1945年波兰解放后，至1948年间，辛波丝卡在克拉科夫著名的雅格隆尼安大学修习社会学和波兰文学。这是波兰最古老的大学，建于中世纪，以政治和宗教的宽容为建校之本，知名天文学家哥白尼、镭的发现者居里夫人均毕业于这所大学。就读期间，她已经开始显示出了诗歌才华。1945年，在《波兰日报》的青年副刊《斗争》上她发表了她的第一首诗《寻找词句》。1948年，因经济困窘，她被迫放弃学业。她的第一部诗集于1952年出版，名为《存活的理由》。同年，她被吸收为波兰作家协会会员。1953年辛波丝卡成为《文学生活》周刊的编委，并主持该刊的诗歌部的编辑工作达20多年之久。《存活的理由》这部诗集反映出她早期诗歌的特色：反对冷战、反对帝国主义、呼唤和平、歌颂党和国家、歌颂新的建设事业。但她后来认为这部诗集不能代表自己的真实创作意图，为此在1957年发表了《呼唤雪人》，这部诗集更具人性化。后来可能出于不愿涉足政治的考虑，对于《存活的理由》这本以反西方思想、为和平奋斗、致力社会主义建设为主题的处女诗集，辛波丝卡没有在1970年出版的全集中收录其中任何一首诗作。

1954年,她的第二本诗集《自问集》出版,并获当年的克拉科夫城市奖。在这本诗集里,涉及政治主题的诗作大大减少,处理爱情和传统抒情诗主题的诗作占了相当可观的篇幅。1957年,她与早期政治信仰和诗歌创作告别,活跃于团结工会一系列运动中。但这并没有影响到她诗歌的创作和发表,她总是小心翼翼地处理政治主题,甚至有意让诗歌远离政治。同年,她的《呼唤雪人》出版,至此她已完全抛开政治主题,找到了自己的声音,触及人与自然、人与社会、人与历史、人与爱情的关系。在1962年出版的《盐》里,表现出她对新的写作方向进行更深、更广的探索。

1967年,《一百个笑声》出版,这本在技巧上强调自由诗体,在主题上思索人类在宇宙处境的诗集,可以说是她迈入成熟期的作品。1972年的《只因为恩典》和1976年的《巨大的数目》更见大师风范。

在1976年之前的30年创作生涯中,辛波丝卡共出版了180首诗,其中只有145首是她自认的成熟之作,她对作品要求之严由此可见一斑。1976年之后的十年间,未见其新诗集出版。由于辛波丝卡在诗歌创作上的杰出成就,她先后获得了波兰文化部颁发的国家文学二等奖(1963年),德国的歌德奖(1991年)、赫尔德奖(1995年)。1995年波兹南的密茨凯维支大学还授予她"名誉博士"称号。

02

毕生求新，以小博大

辛波丝卡一生结过二次婚，没有生育儿女。辛波丝卡是懂得诗和生命的滋味的，所以她这样说："我偏爱写诗的荒谬胜过不写诗的荒谬。"她的诗作虽具高度的严谨性及严肃性，在波兰却拥有十分广大的读者。

在辛波丝卡的每一本诗集中，几乎都可以看到她追求新风格、尝试新技法的用心。她擅长自日常生活中汲取喜悦，以小隐喻开发深刻的思想，寓严肃于幽默、机智，是以小搏大、举重若轻的语言大师。在间隔十多年之后，1986年《桥上的人们》一经出版，格外引人注目。令人惊讶的是，这本诗集竟然只有22首诗作，然而篇篇佳构，各具特色，可说是她诗歌艺术的高峰。

1956年是个转折的年代，波兰文学不仅在政治思想上，同时也在创作内容上发生了重大的变化。辛波丝卡的诗歌创作也进入了一个新的阶段。1957年出版的诗集《呼唤雪人》反映出女诗人辛波丝卡的转变——从政治诗过渡到哲理诗；

从韵律诗转向自由诗，节奏也更加明快。

辛波丝卡关心政治，但不过多介入政治。严格地说，她称不上是政治诗人——也因此她的书能逃过官方检查制度的"大剪"，得以完整的面貌问世——但隐含的政治意涵在她诗中到处可见。在《桥上的人们》这本诗集里，她多半以日常生活经验为元素，透过独特的叙述手法，多样的诗风，锤炼出生命的共相，直指现实之荒谬、局限，人性之愚昧、妥协。

《葬礼》一诗以35句对白组成，辛波丝卡以类似荒谬剧的手法，让观礼者的话语以不合逻辑的顺序穿梭、流动、交错，前后句之间多半无问答之关联，有些在本质上甚至是互相冲突的。这些对白唯一的共通点是——它们都是生活的声音，琐碎、空洞却又是真实生命的回音。在本该为死者哀恸的肃穆葬礼上，我们听到的反而是生者的喧哗。借着这种实质和形式之间的矛盾，辛波丝卡呈现出真实的生命形貌和质感，没有嘲讽，没有苛责，只有会心的幽默和谅解。

在《写履历表》一诗，辛波丝卡则以颇为辛辣的语调讥讽现代人功利导向的价值观——将一张单薄的履历表和一个漫长、复杂的人生画上等号，企图以一份空有外在形式而无内在价值的资料去界定一个人，企图以片面、无意义的具体事实去取代生命中诸多抽象、无以名之的美好经验。然而，这样的荒谬行径却在现代人不自觉的实践中，成为根深蒂固的生活仪式，辛波丝卡为我们提出了警讯。

在《衣服》一诗中，辛波丝卡不厌其烦地列出不同质料、样式的衣服名称，及其相关之配件、设计细节，似乎暗示生命的局限——再严密的设防，也无法阻拦焦虑、心事、病痛、疏离感的渗透。即使抽出了围巾，在衣服外再裹一层保护膜，也只是一个苍凉无效的生命手势。

03

内容丰富，境界高远

辛波丝卡所创造的诗歌是跨越时空与地域的，没有任何的界限之分，上自天文、地理、历史、文学、艺术，下至日常生活、家常琐事、喜怒哀乐的情感等，只要诗人敏感的触觉可以涉及的地方，都有她的笔墨和迷人的、发人深思的语言。她的诗歌同样是属于整个世界的，字里行间都深刻地透露着道德和哲理。她的诗歌更是包罗万象的，如一位波兰评论家所指出的那样，宇宙世界、人类和动物的进化史、古往今来出现的各种社会现象、现代科学技术的进步和她个人生活中的见闻和感受，几乎无不涉猎，并以其独特和多样化的艺术形式表现出来，从而显示了她的无比广阔的视野和卓越的艺术才华。

人们喜欢她的诗歌,在文字中有着属于日常生活的最为通俗的语言,让你感觉这一切和你都是如此亲密。在文字中也有着诸多的神话、历史、文学作品和出自民族风俗的各种典故,让你有一种继续阅读的诱惑与新奇。在文字中更有着属于一些名家的名画之作,让你在诗歌缔造出来的虚幻中感受着抒情优美的色调与线条,而更为重要的是在阅读中我们感受到的击中时弊的讽刺、回味无穷的幽默、神气怪异的想象和具有深刻内蕴的象征。

她的诗歌,在阅读的过程中有一种朗读的冲动与欲望,你听:"穿过空气、树叶和云彩,跨越城墙和鸟巢,一直伸向无垠的苍穹。""行星之间,从悲哀到流泪,当你从虚假走向真理的时候,你不会像过去那么年轻。""海参在遇到天敌时会把身子分成两半,一半让天敌吃掉,另一半逃走。""一弯新月露出了她的扇面,雪片和蝴蝶一起在空中盘旋,熟透了的果实从鲜花盛开的大树上掉了下来。"太多太多,无法盛举,你可以听到海贝沙沙的声音,看到战争之后人们打扫战场的情景,体会到那只老龟的梦中,它看不到皇帝的全身,只看见他脚上穿的那双黑皮靴,像太阳一样闪闪发亮。

在她的诗歌中我们可以感受到写作的快乐,《一百种乐趣》

中任何一种快乐,如:寻觅着她笔下的被深深树林淹没了狍鹿的身影,遥望着太平洋的水亲昵地流进了鲁达维河,流进了彩云在巴黎上空飞过的地方,那滴滴墨水里蕴藏着什么,那些字母或许知道,它们在白色的纸张上跳跃,造就了团团围困的句子,让灵魂在陡峭的笔杆滑到了我们的眼前,扣押了那只奔跑的狍鹿、冻结了流淌的水,而转眼间那蓝色天空的云,已然不再是那朵云彩。在她的诗歌中处处都体现出了人类追求真理,渴望自由、幸福和永恒的梦想,处处都道出了人类超越其他生物而得到迅速的发展,取得今天的文明成就。辛波丝卡不仅热衷于对大自然的各种现象和生物进化过程的思考,更关心的还是人类有史以来的社会发展和现实社会的状况。

辛波丝卡还常常在自己的诗歌中,通过个别事物和特殊境遇,去表现个人与现实社会的矛盾和冲突,并力图在平凡和偶然的事件里表现出当代人的内心感受,使人感到人与人之间是无法理解、无法调和的。她还在自己的一些作品中揭示了当代社会中的一些丑恶现象,如吸毒、暴力和恐怖活动。但是,她的诗和她的为人一样:关心政治而不卷入政治斗争,关心妇女的命运,但不强调女性的问题。她对于所描写的客体,既不带有强烈的感情色彩,又不完全采取超然的态度;对于所描写的主题,既深切关注,又保持了一定的距离。

辛波丝卡擅长以幽默、诗意的口吻描述严肃主题和日常事物，以诗歌回答生活。她很喜欢采用提问和对话的形式，提出一些极富哲理性的问题，并且用简洁的语言和形象的画面展示出来，给人以深刻的印象。她的诗歌中的这种哲理性，深受当代波兰青年诗人们的推崇和喜爱。

人与自然的关系是辛波丝卡关注的主题。在她眼中，自然界充满着智慧，是丰沃且慷慨的，多变又无可预测的，她对人类在大自然面前表现出的优越感和支配欲望，颇不以为然。她认为人类总是过于渲染自身的重要性，将光环笼罩己身而忽略了周遭的其他生命；她相信每一种生物的存在都有其必然的理由，一只甲虫的死亡理当受到和人类悲剧同等的悲悯和尊重（《俯视》）。窗外的风景本无色，无形，无声，无臭，又无痛；石头无所谓大小；天空本无天空；落日根本未落下。自然万物无需名字，无需人类为其冠上任何意义或譬喻；它们的存在是纯粹的，是自身俱足而不假外求的（《一粒沙看世界》）。人类若无法真诚地融入自然而妄想窥探自然的奥秘，必定不得其门而入（《与石头交谈》）。理想的生活方式其实唾手可得，天空是可以无所不在的——只要与自然合而为一，只要"一扇窗减窗台，减窗框，减窗玻璃。/一个开口，不过如此，开得大大的"[1]

---

[1] 1996年诺贝尔文学奖获得者希姆博尔斯卡。

辛波丝卡认为生存是天赋人权，理应受到尊重。在《种种可能》一诗中，她认为依附于每一个个体的"种种可能"正是人间的可爱之处。这也许不是一个诗的时代——或者，从来就未曾有过诗的时代——但人们依旧写诗、读诗，诗依旧存活着，并且给人以快乐，安慰。辛波丝卡是懂得诗和生命的况味的。她曾这样说："我偏爱写诗的荒谬，胜过不写诗的荒谬。"（《一见钟情》）

04

荣誉等身，世界点赞

1996年，辛波丝卡获得诺贝尔文学奖。她以冷静、清醒的笔触，把幽默与柔情结合起来，赢得诺贝尔奖委员会的高度评价，她的作品被认为具有"反讽的精确性"和原生力量。诺贝尔奖委员会在授奖词中称她为"诗坛莫扎特"，一位将语言的优雅融入"贝多芬式愤怒"，以幽默来处理严肃话题的女性。当1996年获得诺贝尔文学奖时，辛波丝卡正在度假，得知这一消息后，她有点紧张，她对别人说，诺贝尔文学奖对她而言非常抽象。

瑞典文学院给予辛波丝卡的授奖词是，"通过精确地嘲讽将生物法则和历史活动展示在人类现实的片段中。她的作品对世界既全力投入，又保持适当距离，清楚地印证了她的基本理念：看似单纯的问题，其实最富有意义。由这样的观点出发，她的诗意往往展现出一种特色——形式上力求琢磨挑剔，视野上却又变化多端，开阔无垠。"

1980年诺贝尔文学奖得主米沃什这样形容辛波丝卡："害羞，谦虚，获诺奖对她是个负担。她在自己的诗里面静默，她不会把自己的生活写进诗里。"

波兰文化部部长博格丹·兹德罗耶夫斯基在一份声明中说："辛波丝卡是一个正直、忠诚、憎恶任何形式名誉的人。她理解他人，理解弱者，对他人怀有极大的宽容。"声明中说，"另一方面，她只期望自己谦虚地活着。"

2012年2月1日，诗坛巨星陨落，辛波丝卡因患肺癌，在波兰的克拉科夫逝世，享年88岁。辛波丝卡去世以后，波兰外交部部长西科尔斯基在他的推特上说："辛波丝卡的去世是波兰文化不可挽回的损失。"对于辛波丝卡的去世，科莫洛夫斯基写道："几十年来，她用乐观、对美和文字力量的信仰，鼓舞着波兰人。"科莫洛夫斯基说，辛波丝卡是波兰精神的守护者。

辛波丝卡是一个勇敢的女诗人，她始终未停滞于单一的写作模式中，大概是这种勇敢打破了诗歌在出版界的"毒药"

魔咒。1998年由台湾两位译者根据英文译本翻译的《万物静默如谜》就毫无预期地受到欢迎，而2012年简体中文版本的引进，又使得它获得了一年内逾5万册的销量。争议、怀疑，经过转述与加工的文字难免有变样，但是只要诗歌的精神没有偏差，辛波丝卡的思想仍可从遥远的波兰穿越到世界各地读者心中，甚至产生连她都未曾体悟的启示。

（刘梦 狄昀）

参考资料：
1.《波兰女诗人辛波丝卡去世被誉"诗坛莫扎特"》，凤凰网。
2.辛波斯卡：《诗坛莫扎特》，网易。
3.《维斯瓦娃·辛波丝卡》，东南网。
4.《1996年诺贝尔文学奖获得者希姆博尔斯卡》，《网易科技》。
5.《1996年诺贝尔文学奖得主辛波斯卡诗选》，《光明日报》。
6.《波兰女诗人辛波丝卡：一见钟情》，凤凰网。

延伸阅读：
维斯瓦娃·辛波丝卡经典语录

1.我了解爱无法理解的事物，我原谅爱无法原谅的一切。

2. 我比你活得更久，这已足够，足够我在远方苦苦思念你。

3. 当你从虚假走向真理的时候，你不会像过去那么年轻。

4. 我太近了，对于他，我太近了，以至不会被梦见。

5 我为自己分分秒秒疏漏万物向时间致歉。

6. 你或许有机会结识我，但你永远无法彻底了解我。你面对的是我的外表，我的内在背离你。

7. 我向旧日的恋人道歉，因为我对新人如同初恋。

8. 发生了那么多不堪设想的事，我们所设想的却没有发生。

9. 我为简短的回答向庞大的问题致歉。

10. 为何，我们以这么多不必要的恐惧与忧伤，对待飞逝的时光？日子不会驻留，这是它的天性：今天一再逝去，成为明天。

11. 甚至一个短暂的瞬间也拥有丰腴的过去。

后　记

"一带一路"相关国家众多，代表性人物众多，为中外交好、民心相通作出杰出贡献的人士众多，因此，为"一带一路"璀璨群星立传，既使命光荣，又责任重大。在这项浩大工程的策划、组织、执行过程中，有许许多多的人士参加了有关传主的名单征集和审定，以及写作、翻译、审读、编辑、出版、筹资、联络等繁重而琐细的工作。所有参与的人员，以拳拳报国之心，尽深厚学养之力，克服了时间紧、任务重、要求高、压力大等诸多困难与挑战，最终圆满完成了任务。在本书付梓之际，丛书编委会特向参与本项目的全体同志致以崇高敬意和衷心感谢！

同时特别需要鸣谢的是，提出策划并领导实施此项目的中国传记文学学会会长王丽博士，基于长期法律实务经验和担任"一带一路服务机制"主席职务的便利，她对相关国家和走出去的"一带一路"建设者和广大青少年的需求了解真切，提出应当为他们写一套介绍各国典型人物的简明易读的传记，为他们提供健康的精神食粮。她把这项"额外"的工作当成了事业，联袂商会筹集资金、苦口婆心招揽作者、精心挑选传主名录、夙夜青灯挥笔写作、近乎偏执逐字推敲、亲力亲为呕心沥血。面对如此浩大的出版项目和繁重的出版任务，当代世界出版社毅然承担了绝大部分图书的出版任务，而且出版社的领导与中国传记文学学会的负责同志一起协商，寻求有关部门的支持和帮助，努力将该传系打造成高质量的精品好书。在此，我们特向项目牵头人和当代世界出版社相关领导和编辑致以崇高敬意和衷心感谢！

尤其让我们感动的是，在项目执行过程中，一些富有家国情怀的民间商会和企业家的慷慨解囊，虽不足以支撑项目的全部费用，但是他们所表现出的热心和支持，让我们坚定了走下去的信心和决心。在此，我们要特别鸣谢为本书的创作出版做出捐赠支持的中国民营经济国际合作商会、亿阳集团股份有限公司、富通集团有限公司以及太平洋证券股份有限公司，并对他们的拳拳报国之心和慷慨无私帮助致以崇高敬意和衷心感谢！

一项伟大的事业，离不开许多默默无闻的奉献者。在本传系的组织、编写、出版过程中，有历史、文学、科研、外交、教育、法律、翻译、出版等领域的数百位专业人士参与，恕不能在此一一详列。需要特别提出的是，鞠思佳、徐帮学、景峰等为组织联络、搜集资料到处奔波而毫无怨言；唐得阳、唐岫敏、白明亮、谭笑等在编写、翻译、编辑、校对过程中的细致与负责让我们感动；赵实、胡占凡、高明光、吴尚之、刘尚军、李岩、王灵桂、李永全、陈小明、许正明、宋志军等睿智的指点和专业的帮助让我们避免了走许多弯路。在此，我们特向以上各位同志致以崇高敬意和衷心感谢！

当然，由于我们水平所限，本丛书难免有某些不尽人意之处和瑕疵，敬请学界专家和各位读者不吝赐教，我们将在作品再版之时吸收完善。在此，我们也向各位读者提前表示崇高敬意和深深感谢！

"'一带一路'列国人物传系"编委会

2019 年 3 月 30 日

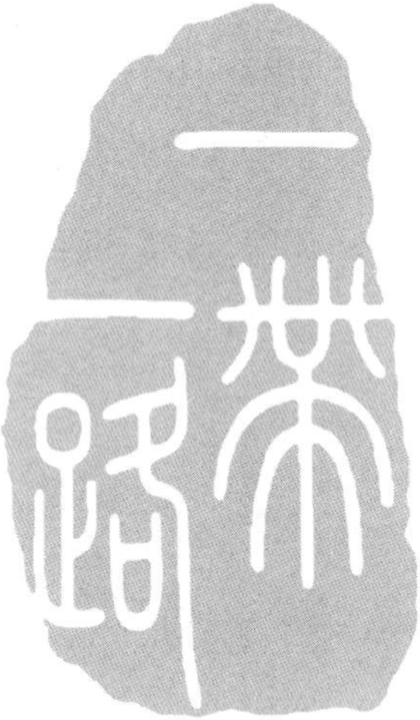